Herausgegeben vom
Thüringer Justizministerium

„Die Anstalten, in welchen die Gerechtigkeit
gleichsam verkörpert erscheint,
durch welche sie die Staaten erhält,
die Bürger sichert, sind - die Gerichte.“

Paul Johann Anselm von Feuerbach, 1817

Justiz im Freistaat Thüringen

Thüringer Justizministerium Erfurt

Inhaltsverzeichnis

6

Einleitung

Über die Justiz in der ehemaligen DDR ist viel geschrieben worden. Auch über den Aufbau einer funktionierenden rechtsstaatlichen Justiz in den neuen Ländern gibt es vielfältige Literatur. Dieses Buch möchte in Schrift und Bild ein Schlaglicht werfen auf Herausforderungen und Ergebnisse des Justizaufbaus in Thüringen. Hier ist – wie in den anderen neuen Ländern – Herausragendes geleistet worden. Dies wäre nicht möglich gewesen ohne die Solidarität und den aufopfernden Einsatz aller Beteiligten: der Regierungen und Justizverwaltungen des Bundes und der Länder, der Aufbauhelfer, die aus dem ganzen Bundesgebiet freiwillig zu Hilfe eilten, und der Mitarbeiter aus der Justiz der ehemaligen DDR, welche die Herausforderungen eines Neuanfangs auf sich nahmen und meisterten.

Einige maßgebliche Akteure der ersten Stunde kommen – stellvertretend für die vielen anderen – zu Wort. Allen, die uns beim Aufbau einer rechtsstaatlichen Justiz unterstützt haben, gebührt heute und künftig dauerhaft unser Dank.

Der Schwerpunkt des Buches liegt auf dem Bildteil mit Thüringer Justizgebäuden. Wer eine ungefähre Vorstellung vom Zustand auch öffentlicher Gebäude zum Ende der DDR hat, mag ermessen, mit welch großen Leistungen die hier abgebildeten Baulichkeiten erstellt worden sind. Andere Aufnahmen erinnern uns aber auch daran, dass der hoffnungsvoll und erfolgreich beschrittene Weg noch nicht zu Ende ist.

Dieses Buch möchte interessante Einblicke bieten, aber auch Freude machen. Wenn dies gelungen ist, so ist es den Beiträgen aller am Ende des Buches namentlich aufgeführten Personen zu verdanken. Hervorzuheben sind aber bereits an dieser Stelle Frau Dr. Malve Schöne und Herr Dr. Rolf Faber, ohne deren Einsatz dieses Buch nicht hätte entstehen können.

Der Aufbau des Rechtsstaats in Thüringen

I. Die (Wieder-)Entstehung des Landes Thüringen

Die friedliche Revolution, die im Sommer 1989 mit der massiven Ausreisewelle von DDR-Bürgern begann und im Oktober und November mit Massendemonstrationen in Leipzig und anderen ostdeutschen Städten sowie der Öffnung der Grenze zur Bundesrepublik am 9. November 1989 ihren Höhepunkt fand, griff nicht zuletzt auch in die verwaltungsmäßigen Strukturen des Staatsaufbaus der DDR ein. Politische Veränderungen waren nicht nur in Berlin zu spüren, sondern breiteten sich auch in den Bezirken aus. Die Ereignisse überschlugen sich. Bis Mitte November 1989 waren fast alle ehemaligen Spitzenfunktionäre auf zentraler, Bezirks- und Kreisebene abgelöst worden. Der Dresdner SED-Bezirkschef Hans Modrow, der als „Reformer" auftrat, wurde am 13. November 1989 von der Volkskammer zum neuen Regierungschef gewählt. Mit „gewendeten" Positionen wurde zunächst bis zum Frühjahr 1990 weiterregiert. Um während dieser Zeit dennoch auf die politischen Entwicklungen Einfluss zu nehmen, wurden von den Bürgerbewegungen in zahllosen Städten und Gemeinden auf allen politischen Ebenen „Runde Tische" etabliert, an denen Vertreter aller politischen Gruppen und der Kirchen teilnahmen.

In Thüringen, genauer gesagt in Gera und Erfurt, wurden bereits im Dezember 1989 Möglichkeiten zur Wiederherstellung des Landes Thüringen erörtert. Zwar sprach sich die Regierung Modrow noch gegen eine Bildung von Ländern auf dem Gebiet der DDR aus. Doch die einmal begonnene Diskussion war nicht mehr aufzuhalten. Unter anderem kam es im Januar 1990 zur Gründung von Landesverbänden der Parteien, die bereits die Bezirksgrenzen ignorierten.

Die Volkskammerwahlen vom 18. März 1990 führten zur Bildung einer frei gewählten Regierung unter der Leitung von Lothar de Maizière. Dieser sprach sich in seiner Regierungserklärung ausdrücklich für eine „Länderstruktur als Grundbedingung für die Deutsche Einheit" aus. Das war gewissermaßen das Startzeichen für die Einrichtung eines „Politisch-Beratenden Ausschusses zur Gründung des Landes Thüringen". Unabhängig von damals noch bestehenden Verwaltungsstrukturen sollte dieser Ausschuss, der erstmals am 16. Mai 1990 in Erfurt zusammentrat, die organisatorischen und technischen Voraussetzungen für das neu zu schaffende Land Thüringen vorbereiten. Die Vorsitzende der Arbeitsgruppe Justiz des „Politisch-Beratenden Ausschusses" war Marion Walsmann.

Dieser Ausschuss war eine Thüringer Besonderheit, weil hier ganz konkrete Regierungsarbeit vorbereitet wurde. In den anderen „zukünftigen Ländern" stand an seiner Stelle ein Runder Tisch, dessen Mitglieder sich mehr mit der Diskussion grundsätzlicher Fragen befassten.

Nachdem sich die Bezirksverwaltungen aufgelöst hatten, setzte die Regierung de Maizière sogenannte Regierungsbevollmächtigte ein, um die Regierbarkeit in den Bezirken weiterhin zu gewährleisten. Die drei für die Bezirke Erfurt, Gera und Suhl eingesetzten Bevollmächtigten, Josef Duchač, Peter Lindlau und Werner Ulbrich, wählten ihrerseits Josef Duchač zum Sprecher eines zukünftigen Landes Thüringen.

Die erste frei gewählte Volkskammer der DDR hatte am 22. Juli 1990 das „Verfassungsgesetz zur Bildung von Ländern in der Deutschen Demokratischen Republik" – das sogenannte Ländereinführungsgesetz – verabschiedet. Aus den Gebieten der Bezirke Erfurt, Gera und Suhl sowie der Kreise Altenburg, Artern und Schmölln wurde das Land Thüringen gebildet. Die Wiedererrichtung des Landes blieb auch vom Beschluss der Volkskammer, mit Wirkung vom 3. Oktober 1990 der Bundesrepublik Deutschland beizutreten, unberührt.

Am 14. Oktober 1990 fanden die ersten Landtagswahlen in den neuen Ländern statt. Erstmals seit 1952 trat am 25. Oktober 1990 der Landtag von Thüringen als erstes Parlament der neuen Länder mit seinen 89 Abgeordneten im Deutschen Nationaltheater in Weimar, also an historischer Stätte, zusammen.

Zunächst beschloss er am 7. November 1990 eine „Vorläufige Landessatzung für das Land Thüringen". Danach konnte die Landesregierung gewählt werden. An die Spitze der Landesregierung, einer Koalitionsregierung aus CDU und FDP, trat der Regierungsbevollmächtigte für Thüringen Josef Duchač (CDU). Eine der wichtigsten Aufgaben des Landtags war die Beratung einer endgültigen Landesverfassung. Sie wurde drei Jahre später, am 25. Oktober 1993, auf der Wartburg, dem thüringischen Wahrzeichen schlechthin, verabschiedet. Die Verfassung spricht in Art. 44 von dem „Freistaat Thüringen". Diese Bezeichnung knüpft an die Länder der Weimarer Republik an und wird auch von den Ländern Bayern und Sachsen benutzt. Die parlamentarische Demokratie hatte nun in Thüringen zum dritten Mal nach 1920 und 1945 eine neue Chance erhalten.

II. Herstellung rechtsstaatlicher Strukturen

Seit dem 3. Oktober 1990 galt das Grundgesetz auch in den neuen Bundesländern. Mit dem Beitritt der DDR zur Bundesrepublik Deutschland war die Aufgabe verbunden, die Strukturen der DDR-Justiz in einen funktionierenden Rechtsstaat zu überführen. Der Aufbau des Rechtsstaates umfasste als Schwerpunkte die Schaffung einer funktionierenden Gerichtsorganisation und die personelle Erneuerung der Justiz. Darüber hinaus war auch für die Unterbringung einer in wesentlichen Teilen erneuerten Justizorganisation zu sorgen. Eine weitere wichtige Aufgabe bestand darin, den Bürgern das Vertrauen in den Rechtsstaat zu geben.

1. Einrichtung einer funktionierenden Gerichtsorganisation

Unter der Schaffung der materiellen Voraussetzungen einer rechtsstaatlichen Justiz war zunächst die Einrichtung einer funktionierenden Gerichtsorganisation, also die Errichtung der ordentlichen Gerichtsbarkeit sowie der Fachgerichtsbarkeiten, zu verstehen. Bis dahin bestand noch die Gerichtsorganisation, wie sie sich seit 1952 in der DDR herausgebildet hatte. Es handelte sich um einen dreistufigen Aufbau mit Kreisgerichten, Bezirksgerichten und Oberstem Gericht der DDR in Berlin. 1990 bestanden in Thüringen 38 Kreisgerichte und drei Bezirksgerichte mit Sitz in Erfurt, Gera und Meiningen. Aufgrund der Regelungen im Einigungsvertrag war diese Gerichtsorganisation – bis auf das Oberste Gericht – zunächst übernommen worden. Für eine gewisse Übergangszeit sollte dadurch die Funktionsfähigkeit der Justiz gewährleistet bleiben.

Fachgerichte, wie Arbeitsgerichte, Sozialgerichte, Verwaltungsgerichte und Finanzgerichte waren in der DDR unbekannt. Auch ein Verfassungsgericht gab es nicht; eine verfassungsrechtliche Überprüfung staatlichen

Handelns war mit der bestehenden parteidiktatorischen Gewaltenkonzentration nicht zu vereinbaren.

Für die ordentliche Gerichtsbarkeit konnte die Justizverwaltung zunächst auf das Personal und die Räumlichkeiten der Kreis- und Bezirksgerichte zurückgreifen. Zum Aufbau der drei größeren Fachgerichtsbarkeiten (Verwaltungs-, Sozial- und Arbeitsgerichtsbarkeit) wurden im Thüringer Justizministerium Arbeitsstäbe eingerichtet. Um den Bürgern auch in diesen Rechtsgebieten Rechtsschutz zu gewähren, wurden vorläufig bei den Kreis- bzw. Bezirksgerichten entsprechende Kammern und Senate gebildet. Die Aufgaben der Verfassungsgerichtsbarkeit wurden nach dem Einigungsvertrag vorübergehend vom Bundesverfassungsgericht wahrgenommen.

In den Jahren 1992 und 1993 wurden nach und nach die gesetzlichen Grundlagen für die Errichtung der Fachgerichtsbarkeiten in Thüringen geschaffen. Es wurden drei Verwaltungsgerichte und ein Oberverwaltungsgericht, vier Sozialgerichte und ein Landessozialgericht, sieben Arbeitsgerichte und ein Landesarbeitsgericht sowie das Thüringer Finanzgericht geschaffen. Mit Gesetz vom 28. Juni 1994 legte die Thüringer Landesregierung auch die Grundlage für die Errichtung des Thüringer Verfassungsgerichtshofs, der sich am 13. September 1995 konstituierte.

Aufgrund des Thüringer Gerichtsorganisationsgesetzes vom 31. August 1993 wurden dem Gerichtsverfassungsgesetz entsprechend die ordentlichen Gerichte errichtet. Unter Führung des damaligen kommissarischen Präsidenten des Bezirksgerichts Erfurt, Herrn Dr. h. c. Hans-Joachim Bauer, entstanden 30 Amts- und vier Landgerichte sowie ein Oberlandesgericht, dessen erster Präsident Dr. h. c. Bauer wurde. Mit der Wiedereröffnung des Thüringer Oberlandesgerichts in Jena am 18. Oktober 1993 fand dieser Abschnitt des Aufbaus einer rechtsstaatlichen Justiz ihren Abschluss, so dass in Thüringen seit dieser Zeit die Gerichtsorganisation vorhanden ist, wie sie in den alten Ländern besteht.

Dr. h. c. Bauer erinnert sich:

„Betrachtet man den personellen Justizaufbau, ergibt sich für die Richterschaft und für die Staatsanwaltschaften mit Ausnahme von Berlin die Gemeinsamkeit, dass in sämtlichen neuen Bundesländern ein nicht unbeträchtli-

cher Teil der noch in der DDR tätig gewesenen Richter bzw. Staatsanwälte ein wichtiges Element der neuen Personalstruktur gebildet haben. Je nach dem Ergebnis einer bis Anfang 1992 laufenden Feststellung des Ausmaßes ihrer Verbundenheit mit Geist und Resultaten der DDR-Justiz wurden Richterinnen und Richter, denen der Einigungsvertrag die Befähigung zum Berufsrichter zuerkannt hatte, in ein Richterverhältnis auf Probe berufen. Ihre Aufgabe bestand darin, sich in ihren neuen Amtsaufgaben zu bewähren und sich dabei zugleich die Inhalte der weitgehend neuen Rechtsmaterien anzueignen. Dies ist nahezu ausnahmslos in der ordentlichen Gerichtsbarkeit und der Arbeitsgerichtsbarkeit geschehen. Wiederum von ganz wenigen Ausnahmen abgesehen wurde diesen Richterinnen und Richtern nach Ablauf der Probezeit ihr Amt auf Lebenszeit übertragen. Dabei waren die Einsatzbereiche über das gesamte Spektrum der Gerichtsbarkeit verteilt. Sie waren prinzipiell auch nicht auf Dauer festgelegt, so dass nicht wenige von ihnen nach einigen Jahren eine beträchtliche Amtserfahrung erworben und demgemäß eine erhebliche Verwendungsbreite erreicht hatten. Diese Feststellung wird belegt dadurch, dass einer dieser „Richter ohne zweites Staatsexamen" beim Thüringer Oberlandesgericht seit Jahren einen Zivilsenat mit Zuständigkeit für allgemeine Zivilsachen, Beschwerden nach § 793 ZPO und Rechtsbeschwerden nach §§ 78 GBO, 27 FGG führt, verbunden mit dem Vorsitz im Vergabesenat nach §§ 116 GWB und in einem Familiensenat. Ein Kollege, bislang Vorsitzender einer Zivilkammer beim LG Meiningen, ist erst im März 2008 zum Richter am Bundesgerichtshof gewählt worden.

Zu dieser übernommenen Richterschaft traten in sämtlichen neuen Bundesländern eine etwa gleich große Anzahl aus einem der alten Bundesländer, meist aus dem jeweiligen Partnerland versetzter Richterinnen und Richter. Hinzu kamen einige bislang als Rechtsanwalt tätig gewesene Volljuristen. Sie bildeten vor allem in der etwa bis 1995 dauernden Übergangszeit das fachliche Traggerüst. Aus dieser Gruppe wurden zunächst die Führungspositionen, vor allem in der Justizverwaltung und bei den Rechtsmittelgerichten und in den Staatsanwaltschaften besetzt.

Eine dritte Gruppe bildeten die unmittelbar nach dem Staatsexamen in die Landesdienste eingestellten Nachwuchskräfte. Diese stammten entweder aus der alten Bundesrepublik oder sie hatten – noch in der DDR auf den Berufsweg gelangt – ihre Ausbildung auf der Grundlage des einheitlichen Bundes- und Landesrechts abgeschlossen. Dieser auf dem üblichen Weg rekrutierte Teil des richterlichen Personals ist zahlenmäßig etwa so stark wie die beiden anderen Gruppen zusammen.

In gleicher Weise strukturiert ist das für die Aufgaben des gehobenen Justizdienstes zuständige Personal. Unabdingbar war die Zusatzqualifikation des aus der DDR-Rechtspflege übernommenen Personals. Sie zog sich bis zum Ende der 1990er hin, weil neben dieser Aus- und Fortbildung der Gerichtsbetrieb gewährleistet sein musste. Entsprechendes gilt für die Gerichtsvollzieher.

Das Personal des mittleren Justizdienstes stammt weitgehend nicht aus den Alt-Bundesländern. Auch hier waren Aus- und Fortbildungsmaßnahmen geboten, welche in Thüringen bis etwa 1994 liefen. Erst nach und nach traten den auf diese Weise befähigten Bediensteten regulär ausgebildete neueingestellte Beamte zur Seite. Die Leistungsfähigkeit dieses auf wenig konventionellen Wegen gebildeten Personalkörpers ist vor dem Hintergrund sehr unterschiedlicher Belastungslagen zu würdigen. Bei den der ordentlichen Gerichtsbarkeit zugewiesenen Aufgabenfeldern hat der Geschäftsanfall erst im Laufe des Jahres 1992 echte Belastungen gebracht. Noch geringer war die Inanspruchnahme der Fachgerichtsbarkeiten. Ausgenommen ist hier die Arbeitsgerichtsbarkeit, welche anfangs durch enorme Eingangsschübe belastet war. Allerdings hat dies mehr die Geschäftsstellen als den richterlichen Sektor beschäftigt, weil es sich bei den Eingängen meist um Kündigungsschutzklagen gehandelt hat, welche durch das Verschwinden des Arbeitgebers aus dem Wirtschaftsleben gegenstandslos wurden. Diese anfängliche Ruhe hat es zugelassen, die notwendigen Qualifikationen in Angriff zu nehmen. Ihr Ergebnis ist beachtlich. Die Aufbauarbeit der „frühen Jahre" wird anschaulich durch die in der Festschrift zur Wiedererrichtung des Oberlandesgerichts in Jena verbundenen Beiträge (H. J. Bauer / Olaf Werner, München, 1994).

Das war auch deswegen möglich, weil der weit überwiegende Teil der Aufstiegsämter behutsam erst dann besetzt worden ist, wenn Bewerber mit der vom Amt geforderten Befähigung vorhanden waren. Diese Maßnahmen sind weithin als ein Mittel zur Motivierung der übernommenen Richter und Staatsanwälte verstanden worden. Dies hat nicht wenig dazu beigetragen, dass das Spannungsfeld „West-Ost“ in der Justiz in Thüringen verhältnismäßig sehr gering ausgeprägt war.

Für die Gruppe der neu eingestellten Volljuristen fehlte es vor allem bei den kleineren Amtsgerichten an Leit-Kollegen. Dieses Manko trat besonders in den allgemeinen Zivilsachen hervor. Diese wurden in der Eingangsinstanz nur von Berufsanfängern als Einzelrichter entschieden. Spruchkörper gab es in Gestalt von Zivilsenaten nur in der Berufungsinstanz; Zivilkammern konnten erst nach der Einrichtung der Landgerichte gebildet werden. Hier hat sich die Möglichkeit, Proberichter in einer solchen Kammer und nach Errichtung der Oberlandesgerichte auch dort einzusetzen, sehr gut bewährt.

Die Belastungslage der Staatsanwaltschaften hat sich von der Geschäftslage der mit Zivil- und Strafsachen befassten Gerichte erheblich unterschieden. Hier standen von Anfang an die mit der Umwandlung des Wirtschaftssystems einhergehenden Straftaten in Gestalt von Betrügereien und ähnlichen Vermögensdelikten im Vordergrund. Die Opfer, welche damals – anders als die Täter – typischerweise nicht aus dem Westen stammten, kannten eine strikt zupackende Strafjustiz und erwarteten von der „neuen“ Justiz ähnliche Schlagkraft. Dieser Erwartung war zum einen aus rechtsstaatlichen Gründen nur schwer zu genügen, zum anderen klaffte zwischen der Leistungsfähigkeit der Staatsanwaltschaften und der ihrer kriminellen Umwelt ein großer Abstand. Hier hätte ein wesentlich stärkerer und nachhaltigerer Einsatz vor allem von Staatsanwälten mit Führungserfahrung gerade im Umfeld der Wirtschaftkriminalität Ansehen und der Akzeptanz der Justiz einen großen Dienst getan.

Aufs Ganze gesehen hat der Personalaufbau in allen Dienstbereichen angesichts der höchst schwierigen Ausgangslage sehr respektable Ergebnisse erbracht. Gerichte und Staatsanwaltschaften erfüllen inzwischen die ihnen gestellten Aufgaben in qualitativer wie in quantitativer Hinsicht. Die Geburtsfehler sind weitgehend behoben. Allerdings stellt sich ein gravierendes Problem in der Folge einer seit Anfang der 2000er Jahre gegebenen Geschäftsentwicklung einerseits und der Einstellungsnotwendigkeiten der frühen 1990er Jahre andererseits. Zwangsläufig liegen die

Geburtsjahrgänge der damals neu eingestellten Nachwuchskräfte in einem sehr engen Sektor um die Mitte der 1960er Jahre herum mit der Folge eines sehr ungünstigen, sich zunehmend verschärfenden Altersaufbaus im Gesamtpersonalkörper. Mangels entsprechenden Personalbedarfs kann der ungünstige Altersaufbau durch Neueinstellungen kaum verbessert werden, so dass etwa ab 2025 im höheren Justizdienst die Notwendigkeit eines nahezu vollständigen Personalaustauschs zu befürchten ist.

Die sachliche Ausstattung der Justizbehörden ist in sämtlichen neuen Bundesländern mit durchweg erfreulichen Ergebnissen gelungen. Die zum großen Teil sehr schlechte, den damaligen gesellschaftlichen „Rang" der Gerichte in der DDR zum Ausdruck bringende Unterbringung ist weithin Vergangenheit. Sehr früh und mit Vorsprung vor den Alt-Bundesländern stand die moderne Datenverarbeitungstechnik zur Verfügung.

Insgesamt gesehen ist der Aufbau einer den rechtsstaatlichen Anforderungen genügenden Rechtspflege in den neuen Bundesländern eine Erfolgsgeschichte. Die gelegentlich als rückständig apostrophierte Justiz hat ihre Innovationskraft und Leistungsfähigkeit hier sowohl von den alten Bundesländern her als auch beim Um- und Aufbau in den neuen Ländern nachdrücklich demonstriert. Nicht zuletzt zur dauerhaften Dokumentation dieses Befundes haben die Präsidenten des Kammergerichts und die Präsidenten der Oberlandesgerichte der neuen Bundesländer es unternommen, die bis zur völligen Angleichung der Rechtspflege an die Bedingungen der Alt-Bundesländer erfolgten Schritte im Einzelnen und einen Quervergleich der Länder untereinander erlaubend in der Schrift „Justizaufbau Neue Länder 1990 bis 2004" festzuhalten. Vom Ende her gesehen wäre gelegentlich mehr Weitblick und Beharrungsvermögen zu wünschen gewesen. Dem stand indessen die Notwendigkeit entgegen, kurzfristig und umgehend auf Notlagen einzugehen, um die Arbeitsfähigkeit der Gerichte und Staatsanwaltschaften ganz oder in Teilbereichen zu sichern."

Ein weiterer „Mann der ersten Stunde" war der damalige Generalstaatsanwalt Friedrich Hoffmann, der das Amt von 1993 bis 1995 ausübte. Zuvor hatte Ministerialdirigent Thomas Hutt das Amt nach der Wende in Erfurt aufgebaut und kommissarisch geführt. In einer Jubiläumsschrift zum 10-jährigen Bestehen der Thüringer Generalstaatsanwaltschaft gab Friedrich Hoffmann seine Erinnerungen von den Anfängen der Erneuerung der Thüringer Justiz nach der Wiedervereinigung wieder:

„Schon wenige Tage nach der Wiedervereinigung im Oktober 1990 nahm die Generalstaatsanwaltschaft des Landes Thüringen in den Räumen der DDR-Bezirksstaatsanwaltschaft Erfurt den Dienst auf. Organisatorisch unterstützte den Aufbau der Staatsanwaltschaften in erster Linie das Land Hessen.

Die Entscheidung, Oberlandesgericht und Generalstaatsanwaltschaft im Jahr 1993 nach Jena zu verlegen, wurde bereits im Sommer 1991 getroffen. Das Oberlandesgericht in Jena war 1879 aus dem 1556 entstandenen Schöppenstuhl in Jena, dem seit 1566 bestehenden Hofgericht und dem 1816 gegründeten „Gemeinschaftlichen Thüringer Oberappelationsgericht" entstanden. Das Oberappelationsgericht und die Universität in Jena waren die einzigen gemeinsamen Einrichtungen des in viele Kleinstaaten aufgespaltenen Thüringens.

Die Entscheidung fand nicht überall Zustimmung. Das mit viel Schulungsaufwand herangebildete Personal der Geschäftsstellen und des Schreibdienstes in Erfurt war überwiegend nicht zu einem Umzug nach Jena bereit. Man fürchtete, in der Aufbauarbeit wieder weit zurückgeworfen zu werden. Es gelang jedoch, hervorragende Kräfte in Jena zu gewinnen, die in einer Übergangszeit in Erfurt für ihre künftige Tätigkeit eingearbeitet wurden. Wirkliche Schwierigkeiten bereitete es aber, für die Staatsanwälte in Jena Wohnmöglichkeiten zu finden. Heute ist es schlecht vorstellbar, dass in ganz Jena keine Wohnung zu finden war. Zimmer in Pensionen und Firmenunterkünften mussten genügen. Noch vor dem Oberlandesgericht zog die Generalstaatsanwaltschaft in das renovierte frühere Forschungszentrum der Zeiss-Werke im Leutragraben gegenüber dem Universitätsturm ein. In einem Stockwerk dieses Gebäudes kam das wenige Personal gut unter. Als Juristen waren der Generalstaatsanwalt, sein ständiger Vertreter, zwei Abteilungsleiter und mehrere Dezernenten – die Zahl wechselte häufig – tätig. Bis auf den Generalstaatsanwalt – er war als hessischer Pensionär ernannter Thüringer Staatsanwalt – waren es vorübergehend abgeordnete Staatsanwälte aus den Ländern Hessen, Rheinland-Pfalz und Bayern, von denen heute niemand mehr in Jena tätig ist.

Zu einer Versetzung nach Thüringen fanden sich im Laufe des Jahres 1993 drei Staatsanwälte bereit. Drei Geschäftsstellen, Schreibdienst und Wachtmeister stellten das Folgepersonal. Diese Kräfte waren hoch motiviert und arbeiteten sich sehr schnell ein. Die gute Zusammenarbeit mit ihnen ist besonders hervorzuheben. Schon in Erfurt hatte die Generalstaatsanwaltschaft eine eigene hoch qualifizierte IT-(Informationstechnologie) Gruppe aufgestellt. Diese betreute nicht nur das selbst entwickelte EDV-System der Generalstaatsanwaltschaft – schon in Erfurt war das gesamte Registerwesen auf EDV umgestellt worden –, sondern bereitete die für die Staatsanwaltschaften landesweit vorgesehene Umstellung auf die moderne elektronische Datenverarbeitung vor. Rückblickend kann der Umzug nach Jena nur als Gewinn für die Generalstaatsanwaltschaft betrachtet werden. Schon die schönen neuen hellen Büroräume mit ihrer guten Ausstattung waren gegenüber Erfurt ein wesentlicher Fortschritt. Vor allem hätte sich die enge und gute Zusammenarbeit mit dem Oberlandesgericht bei einer getrennten Unterbringung nie so ausgezeichnet entwickeln können. Bei der Generalstaatsanwaltschaft hatten sich die neuen und alten Kräfte sehr schnell in vorbildlicher Zusammenarbeit gefunden. Die hohe Motivation aller führte nicht nur zu hervorragenden Arbeitsergebnissen, sondern auch zu einem besonders erfreulichen Betriebsklima."

Die gute und enge Zusammenarbeit zwischen Thüringer Oberlandesgericht und Thüringer Generalstaatsanwaltschaft manifestierte sich in der Folgezeit auch in der gemeinsamen und erfolgreichen Planung des neuen Jenaer Justizzentrums durch Präsident Dr. h. c. Bauer und Generalstaatsanwalt Winfried Schubert. Deren Nachfolger, als Präsident Stefan Kaufmann (seit 2006) und als Generalstaatsanwälte Michael Haußner (seit 2005) und Hartmut Reibold (seit 2007), können bzw. konnten mit ihren Behörden ein hervorragend gestaltetes und funktionales Gebäude nutzen.

Als besondere Kostbarkeit beherbergt das Jenaer Justizzentrum auch die Historische Bibliothek. Ursprünglich auf das 1566 gegründete Hofgericht zurückgehend wurde sie im Wesentlichen ab 1817 vom gemeinsamen Oberappellationsgerichts der sieben Thüringer Staaten und ab 1879 vom Thüringer Oberlandesgericht des Kaiserreiches und später der Weimarer Zeit ausgebaut. Nach einer unerquicklichen Auslagerung im Hinblick auf die Gerichtsstrukturen der ehemaligen DDR konnte sie im Jahr 1998 nach Jena zurückgeführt werden und steht hier wieder der Wissenschaft und der Praxis zur Verfügung.

Zu den Aufbauhelfern in der Thüringer Justiz gehört auch Dr. Martin Stoll, der nach der Ausgliederung der Sozialgerichtsbarkeit als Vizepräsident beim Aufbau dieses Gerichtszweiges helfen konnte. Als er im Mai 1992 beim damaligen Justizstaatssekretär vorsichtig nachfragte, wie es denn um die Sozialgerichtsbarkeit in Thüringen bestellt sei, war die Antwort: *„Sie können kommen, aber Sie können sich nicht ins gemachte Nest setzen, also kommen Sie lieber gleich!"* So kamen zahlreiche Aufbauhelfer nach Thüringen, die vorübergehend auch mit Aufgaben betraut wurden, für die keine einschlägigen Fachkenntnisse benötigt wurden und auf die angesichts der Ausnahmesituation auch keiner vorbereitet werden konnte. Dr. Stoll ist seit 2007 - als Nachfolger von Gunter Becker - der zweite Präsident des Thüringer Landessozialgerichts in Erfurt. Die Sozialgerichte haben ihren Sitz in Altenburg, Gotha, Nordhausen und Meiningen.

Mit Gesetz vom 3. Dezember 1992 wurde die Verwaltungsgerichtsbarkeit in Thüringen neu gebildet. Verwaltungsgerichte wurden in Gera, Meiningen und Weimar errichtet, das Thüringer Oberverwaltungsgericht hat seinen Sitz in Weimar. Erster Präsident des Oberverwaltungsgerichts war von 1994 bis 2004 Prof. Dr. Hans-Joachim Strauch, dem Dr. Hartmut Schwan 2004 im Amt nachfolgte.

Mit Gesetz vom 22. Dezember 1992 wurde die Arbeitsgerichtsbarkeit in Thüringen errichtet. Diese bestand zunächst aus dem Thüringer Landesarbeitsgericht in Erfurt sowie den Arbeitsgerichten in Eisenach, Erfurt, Gera, Gotha, Jena, Nordhausen und Suhl. Zudem hatte das Arbeitsgericht Eisenach eine Außenkammer in Mühlhausen und das Arbeitsgericht Suhl eine Außenkammer in Sonneberg. Diese Außenkammern sowie das Arbeitsgericht in Gotha sind zwischenzeitlich aufgelöst. Erster Präsident des Landesarbeitsgerichts war von 1993 bis 1997 der Vizepräsident des LAG Hessen, Dr. Hans-Eberhardt Schäcker, dessen Nachfolger war Rolf Lennartz bis 2004. Seit 2007 ist Karl Kotzian-Marggraf Präsident.

Im Jahr 1952 waren mit dem „Gesetz über die weitere Demokratisierung des Aufbaus und der Arbeitsweise der staatlichen Organe in den Ländern und Kreisen der Deutschen Demokratischen Republik" die Finanzgerichte der Länder – soweit diese überhaupt eingerichtet waren – aufgelöst worden. Mit der Bildung des Thüringer Finanzgerichts am 26. Juni 1993 wurde wieder ein Gericht im Sinne des Grundgesetzes mit sachlich und persönlich unabhängigen Richtern zur Entscheidung in Abgabenangelegenheiten installiert. Erster Präsident wurde Dr. h. c. Elmar Joseph Schuler (1993 bis 2007), dem maßgebende Verdienste um den Aufbau der Thüringer Finanzgerichtsbarkeit zukommen. Ihm folgte im Jahr 2008 Hubert Mohr im Amt.

Dr. h. c. Elmar Joseph Schuler berichtet über seine Erfahrungen:

„Bei meiner Ankunft in Thüringens Hauptstadt am 5. November 1990 präsentierte sich Erfurt grau verhangen. So ähnlich war wohl auch die Situation der Justiz im Lande. Eine Finanzgerichtsbarkeit gab es in der DDR nicht, zum einen, weil das Steuerrecht keine große Rolle spielte (im Wesentlichen wurden Abgaben auf indirektem Wege erhoben), zum anderen, weil das System eine Kontrolle staatlicher Behörden durch unabhängige Gerichte nicht zuließ. Deshalb mussten zunächst Spruchkörper für Steuerrecht am damaligen Bezirksgericht in Erfurt eingerichtet werden. Etwas blauäugig hatten wir ein reges Klageaufkommen erwartet, was aber – aus heutiger Sicht – nicht sein konnte, mussten doch die Behörden, Berater und Bürger das überaus komplizierte neue Steuerrecht erst „verdauen". So erklärte ich mich bereit, in einem Senat für Rehabilitierung mitzuarbeiten, in dem politisch motivierte Strafverfahren in der DDR überprüft und gegebenenfalls die ergangenen Urteile aufgehoben oder korrigiert wurden. Da die Rehabilitierungsverfahren in großer Zahl beantragt wurden, war – neben der finanzgerichtlichen Tätigkeit – für ausreichend Beschäftigung gesorgt. Die Rehabilitierungsverfahren haben mir außerdem einen Einblick in das „Innenleben der DDR" ermöglicht, der vielen Bürgern der DDR wegen großer Geheimhaltung bei den Prozessen nicht möglich war.

Der Mut der Steuerbürger und Steuerberater, sich gegen die Bescheide der Finanzbehörden an ein unabhängiges Gericht zu wenden, wurde größer und dementsprechend wuchs nunmehr auch das Klageaufkommen. Nicht überall war allerdings die Funktion eines Gerichts verinnerlicht, erklärte mir doch eines Tages (es war 1991) ein Beamter der Finanzverwaltung, die in einem Verfahren des einstweiligen Rechtsschutzes mit einem hohen Geldbetrag unterlegen war, er finde die Entscheidung zwar interessant, wolle sich aber keineswegs daran halten, da das Gericht der Behörde doch nichts vorschreiben könne.

1993 wurde dann das Thüringer Finanzgericht durch den Landesgesetzgeber als eigenständiges Gericht mit Sitz in der Residenzstadt Gotha gegründet. Gotha hat einen Bezug zu Geld, trägt doch eine bekannte deutsche Versicherung den Namen dieser schönen Stadt. In einem repräsentativen Gebäude eben dieser Versicherung, die ihr zuvor enteignetes Traditionshaus von der Treuhand wieder zurückgekauft hatte, fand das Thüringer Finanzgericht nunmehr seine endgültige Heimstätte mit guten Arbeitsbedingungen. "

Den Abschluss fand der organisatorische Wiederaufbau der Thüringer Justiz schließlich mit der Errichtung des Thüringer Verfassungsgerichtshofs. Am 13. September 1995 nahm der „Hof" unter seinem vom Thüringer Landtag gewählten ersten Präsidenten Gunter Becker in Weimar die Arbeit auf. Ihm folgten ebenfalls durch Wahl im Jahr 2000 Dr. h. c. Hans-Joachim Bauer und 2005 Harald Graef im Amt des Präsidenten nach.

Besondere Herausforderungen bot der Justizvollzug. Als im Oktober 1990 die Verantwortung für den Strafvollzug übernommen worden war, wurden 13 fast ausnahmslos baulich marode Justizvollzugseinrichtungen vorgefunden. Umfangreiche Baumaßnahmen (Neubauten, Erweiterungsbauten, Kernsanierungen) waren notwendig. In den ersten 18 Jahren sind ca. 170 Mio. Euro in die bauliche Verbesserung der Justizvollzugseinrichtungen investiert worden.

Gleichzeitig mussten die Vollzugsbediensteten auf die grundlegend neuen Ziele und Aufgaben des Strafvollzuges vorbereitet werden. Ein ebenso starkes Augenmerk wurde auf die Schaffung gesetzmäßiger Organisationsstrukturen hinsichtlich der Vollzugsgestaltung und der Gewährleistung äußerer und innerer Sicherheit gelegt.

Die gewaltige Aufbauleistung trug sichtbar Früchte spätestens ab dem Jahr 1996. Während die Bemühungen um einen geordneten Justizvollzug in den ersten Jahren des Aufbaus immer wieder durch außerordentliche Vorkommnisse (Ausbrüche, Meutereien) beeinträchtigt und gestört worden sind, verfügt der Freistaat seit nunmehr zwölf Jahren über äußerst sichere Justizvollzugsanstalten. Auch die Unterbringungssituation der Gefangenen konnte erheblich verbessert werden. Mit der Errichtung einer neuen Anstalt bzw. der Erweiterung oder Kernsanierung bestehender Anstalten sind vor allem zahlreiche Einzelhafträume entstanden, die eine nach vollzuglichen Gesichtspunkten gebotene Einzelunterbringung ermöglichen. Ein weiteres ehrgeiziges Vorhaben ist der Neubau einer Jugendstrafanstalt mit 300 Haftplätzen.

Auch die personelle Situation konnte verbessert werden. So sind derzeit im Thüringer Justizvollzug insgesamt 1013 Bedienstete tätig; im Vergleich zum Gefangenenbestand führt dies zu einem Personalschlüssel von 46,7 Bediensteten zu 100 Gefangenen; eine durchaus hohe Quote - auch im Vergleich zu anderen Bundesländern.

2. Räumliche Engpässe

Besondere Schwierigkeiten bestanden bei der Unterbringung von Richtern, Rechtspflegern, Beamten und Geschäftsstellen. In der DDR gab es nur ca. 1.500 Richter und 1.200 Staatsanwälte, die in den vorhandenen Gerichtsgebäuden ausreichend Platz fanden. Unter den Bedingungen der neuen Gerichtsorganisation mussten sich nun beispielsweise die Richter beim Bezirksgericht Erfurt wegen der beengten Platzverhältnisse zum Teil mit den für die Untersuchungsgefangenen vorgesehenen Zellen zufrieden geben und waren froh, wenn sie dort allein arbeiten konnten. Eine Mehrfachbelegung in den Richterzimmern – zum Teil auch mit mehr als zwei Kollegen – war zu dieser Anfangszeit selbstverständlich.

Zu klären war auch die Frage, wo beispielsweise die neu zu errichtenden Fachgerichtsbarkeiten untergebracht werden sollten. So gab es in Weimar ein wunderschönes altes Gerichtsgebäude aus der Gründerzeit. Dort war einstmals das Landgericht des Großherzogtums Sachsen-Weimar-Eisenach untergebracht. Nach gemeinsamer Nutzung mit der Polizeiinspektion Weimar soll das Gebäude grundlegend saniert werden und zukünftig neben dem Amtsgericht Weimar das Thüringer Oberverwaltungsgericht sowie den Thüringer Verfassungsgerichtshof aufnehmen.

Schwierigkeiten bereitete die Unterbringung des neu errichteten Thüringer Oberlandesgerichts in Jena. Während in Weimar das frühere Landgerichtsgebäude in der DDR wenigstens als Kreisgericht weitergenutzt worden war, so dass eine gewisse Kontinuität in der Nutzung nachgewiesen werden konnte, war das in Jena nicht der Fall. Dort war im ehrwürdigen alten OLG-Gebäude die sozialistische „Arbeiter- und Bauernfakultät" der Friedrich-Schiller-Universität untergebracht sowie Probenräume für das Jenaer Sinfonieorchester. Die Thüringer Justiz wollte zunächst das Thüringer Oberlandesgericht wieder in seinem einstigen Gebäude unterbringen. Dieses Vorhaben war aber wegen des fortgeschrittenen Verfalls der Baulichkeiten letztlich nicht zu verwirklichen. Hierzu kam, dass das ehemalige Amtsgerichtsgebäude auf nicht absehbare Zeit von der Friedrich-Schiller-Universität gebraucht wurde, so dass ein Justizzentrum um das zu erweiternde OLG-Gebäude herum nicht zu realisieren war.

Nach einer Zwischenstation des Thüringer Oberlandesgerichts und der Thüringer Generalstaatsanwaltschaft im Hochhaus „B 59" des sanierten Carl-Zeiss-Komplexes wurde am 1. Mai 2004 das neuerrichtete Justizzentrum Jena bezogen. Nunmehr sind in Jena die über das Stadtgebiet verteilten Justizbehörden unter Einschluss des Amtsgerichts Jena, der Zweigstelle Jena der Staatsanwaltschaft Gera und der Sozialen Dienste in einem funktionalen und zugleich architektonisch anspruchsvollen Neubau vereinigt.

Lediglich das Arbeitsgericht Jena ist in seiner zumindest stadthistorisch bedeutsamen Liegenschaft verblieben, die sich gegenüber dem früheren Sitz des Thüringer Oberlandesgerichts befindet. Mit der Wiedervereinigung wurden die Kammern für Arbeitsrecht des Kreisgerichts Jena dort untergebracht, welche die Räume bis zum 31. Juli 1992 nutzten, bevor mit umfangreichen Sanierungs- und Umbauarbeiten begonnen wurde. Diese waren mit dem Einzug des Arbeitsgerichts Jena am 1. Mai 1995 abgeschlossen.

Dem späteren Präsidenten des Thüringer Landessozialgerichts Gunter Becker ging es zunächst darum, passende Räumlichkeiten für die Sozialgerichte zu suchen und anzumieten oder auch anzukaufen. Letztlich ging der erste Standort des Thüringer Landessozialgerichts aber auf eine „Hausbesetzung" zurück, die das damals allerorts entschlossene Handeln beschreibt. Auf den Hinweis, dass ein Gebäude am Karl-Marx-Platz in Erfurt freistehe, suchten Präsident Becker und der spätere Direktor des Sozialgerichts Gotha Rudolf Bals-Rust dieses Objekt zur Besichtigung auf. Die ehemalige Privatvilla gefiel den beiden, so dass sie ein paar Tische und Stühle zurechtrückten. Es wird erzählt, dass Präsident Becker anschließend gesagt haben soll: *„Hier bin ich und hier bleibe ich!"* Die „besetzte" Villa aus dem 19. Jahrhundert war ein stattliches Denkmal eines reichen, selbstbewussten Bürgertums in Erfurt. Mit einem herkömmlichen Gerichtsgebäude hatte das Gebäude allerdings wenig gemein. So war das Landessozialgericht in Thüringen weit und breit das einzige Gericht, das vom Hinterhof einen separaten Dienstbotenaufgang zur Dachkammer hatte. Der Verhandlungssaal war einst ein feudales Wohnzimmer und hatte einen repräsentativen Balkon zum Karl-Marx-Platz hinaus. Obwohl von diesem Balkon ein ständiger Reiz ausging, sind doch von ihm aus niemals gerichtliche Entscheidungen verkündet worden. Verbürgt ist jedoch, dass der Präsident in einem runden Erker mit Blick über die an dieser Stelle zusammenkommenden fünf Straßen zu frühstücken pflegte.

Das Thüringer Finanzgericht, welches im Jahr 1993 errichtet wurde, teilte sich zunächst die Räumlichkeiten mit dem Amtsgericht Gotha in der Justus-Perthes-Straße. Schon bald drohte das Gebäude aus allen Nähten zu platzen. Im Juli 1995 erfolgte der Umzug in das restaurierte und sanierte Gründergebäude der Gothaer Versicherung in der Bahnhofstraße 3a. Die Gothaer Versicherung hatte es in den ursprünglichen prachtvollen Zustand versetzen lassen, um es als Stammsitz des Unternehmens und als Standort ihres Versicherungsmuseums zu nutzen. Nachdem es zu der beabsichtigten Sitzverlegung nicht gekommen war, ergab sich für das Justizministerium die günstige Gelegenheit, das Thüringer Finanzgericht zusammen mit dem Sozialgericht Gotha in diesem repräsentativen Gebäude unterzubringen.

Das Justizzentrum Erfurt entstand in den Jahren 1999 bis 2001 aus dem Umbau eines Produktionsgebäudes des ehemaligen VEB Optima Büromaschinenwerkes Erfurt. Bei dem Umbau wurden die Fundamente und das statische Gerüst des Industriebaus für die Schaffung des Zentrums genutzt. Seit der Eröffnung beherbergt der transparente Gebäudekomplex das Thüringer Landessozialgericht, das Thüringer Landesarbeitsgericht, das Arbeitsgericht Erfurt, das Amtsgericht Erfurt, die Staatsanwaltschaft Erfurt und die Sozialen Dienste. Auch dieses Beispiel zeigt, dass die Umnutzung markanter Gebäude identitätsbewahrende Funktionen im Städtebau übernimmt und außerdem erhebliche Kostenvorteile bringt.

Im Justizzentrum Meiningen sind alt und neu besonders eindrucksvoll vereint. Der rote Backsteinbau war ursprünglich die Meininger Hauptkaserne, die zwischen 1865 und 1867 vom damaligen Herzog von Sachsen-Meiningen unter Bauleitung von Oberbaurat Hoppe errichtet worden war. Zuletzt waren zwischen 1952 und 1991 sowjetische Truppen in der Kaserne untergebracht. Da auch in Meiningen die Justizbehörden über die gesamte Stadt verteilt waren, begannen bereits 1991 die Planungen für ein Justizzentrum. Ergebnis waren die Sanierung und der Umbau der Kaserne in Kombination mit der Errichtung moderner Ergänzungs- und Anbauten. Der Einzug erfolgte im April 2001.

Das Landgericht Mühlhausen befand sich seit seiner Gründung am 1. September 1993 zunächst in mehreren Gebäuden am Schillerweg. Diese dienten zuvor der Hochschulausbildung von Lehrern in den Fächern Physik und Chemie. Eine wohl einmalige Einrichtung war der Verhandlungssaal VIII, der im Jahr 1996 „geschaffen“ wurde, weil die vorhandenen Räume für ein Wirtschaftsstrafverfahren mit 11 Angeklagten, Verteidigern, Gericht, etc. nicht ausreichend waren. Als Provisorium wurde die auf dem Gelände vorhandene Turnhalle mit Tischen und Stühlen versehen. Anfangs hing noch der Basketballkorb über der Richterbank. Die Fenster und Heizkörper waren ballsicher vergittert, auf dem Boden befanden sich die Linien für verschiedene Ballsportarten, die Heizung war für aktive Sportler angenehm. Nachgerüstet wurde lediglich eine Mikrofonanlage mit offen auf dem Boden verlegten und zur Sicherung festgeklebten Kabelverbindungen. In dieser einzigartigen Atomsphäre wurden nicht nur das ursprünglich vorgesehene Großverfahren, sondern auch etliche andere Wirtschaftsstrafsachen verhandelt.

Im April 2006 erfolgte der Umzug in neue Räume des Justizzentrums Mühlhausen in der

Eisenacher Straße. Das Landgericht ist dort in drei miteinander verbundenen Gebäuden untergebracht: Der aus dem Gebäude einer ehemaligen Fabrik, deren Sozialgebäude und dem ehemaligen Landratsamt bestehende Gebäudekomplex beherbergt nach umfangreichen Um- und Erweiterungsbauten heute das Landgericht Mühlhausen sowie die Staatsanwaltschaft Mühlhausen.

Die Geraer Justizbehörden wie das Landgericht, Amtsgericht, Staatsanwaltschaft, Verwaltungsgericht, Arbeitsgericht und die Sozialen Dienste sind derzeit noch auf zwölf Liegenschaften verteilt. Die Staatsanwaltschaft unterhält allein fünf, das Amtsgericht drei und das Landgericht zwei Standorte. Neben gerichtsorganisatorischen Gründen verlangt auch der sehr schlechte bauliche Zustand Abhilfe; dies gilt insbesondere für das Tinzer Schloss, in dem die Zivilrechtsabteilung des Landgerichts Gera untergebracht ist. Deshalb erfolgt eine Sanierung des historischen Telegraphen- und Fernmeldeamtes im Stadtzentrum Geras, um anschließend die Staatsanwaltschaft Gera einschließlich der bisherigen Außenstellen Jena und Rudolstadt, die Strafrechtsabteilung von Land- und Amtsgericht, das Verwaltungsgericht und die Sozialen Dienste in unmittelbarer Nachbarschaft zum historischen Landgerichtsgebäude unterzubringen. Die übrigen Abteilungen von Land- und Amtsgericht sowie das Arbeitsgericht sollen in den beiden landeseigenen Liegenschaften in der Rudolf-Diener-Straße zusammengeführt werden, wo sie sich auch jetzt schon zum Teil befinden.

3. Die „Grundbuchfeuerwehr"

Gut funktionierende Grundbuchämter sind die Voraussetzung für Handel und Wandel, für Investitionen und auch für die Rückgabe von enteigneten Grundstücken.

Da das Grundbuchwesen in der DDR weder die Bedeutung noch die notwendige Unterstützung durch den Staat erhielt, musste nunmehr von Grund auf Ordnung geschaffen werden. Mit nachhaltiger Hilfe der Partnerländer Hessen, Rheinland-Pfalz und Bayern wurden die Grundvoraussetzungen geschaffen. Doch trotz massiven Einsatzes von EDV und intensiver Schulung konnten die Mitarbeiter der Antragsflut zunächst nicht Herr werden; es kam zu einem regelrechten Antragsstau. Um diesen abzubauen, wurde eine „Grundbuchfeuerwehr" eingerichtet. Es gelang, Grundbuchbeamte aus den alten Bundesländern zu gewinnen, die in Wochenendeinsätzen gemeinsam mit den Bediensteten der jeweiligen Grundbuchämter zusätzlich Anträge bearbeiteten. Statt 100 Anträgen pro Woche konnten so 307 Anträge pro Wochenende aufgearbeitet werden. Dieses „Thüringer Modell" konnte als Beispiel für alle neuen Länder angesehen werden und wurde dort teilweise übernommen.

III. Personelle Erneuerung

1. Auswahl von Richtern und Staatsanwälten

Neben diesen vielfältigen Herausforderungen beim Aufbau des Rechtsstaates gehörte der personellen Erneuerung die ganz besondere Aufmerksamkeit des Justizministeriums und aller beteiligten Behördenleiter.

Es handelte sich um eine Aufgabe, die nicht nur die Menschen in den neuen Bundesländern bewegt hat, sondern alle Deutschen, insbesondere die Juristen und die historisch Interessierten in Erinnerung an den Umgang mit Richtern und Juristen nach dem Ende des NS-Regimes. Auch jenseits der Grenzen Deutschlands wurde die Transformation eines Justiz- und Verwaltungsapparates nach dem Ende eines rechtsstaatswidrigen Gesellschaftssystems aufmerksam beobachtet.

Wie sollte man sich gegenüber den ehemaligen Richtern und Staatsanwälten der DDR verhalten? Sollte man sie übernehmen oder sollte man sie alle aus dem Dienst entlassen, weil sie eben doch eng mit dem Unrechtsstaat der DDR verbunden waren und nicht ohne weiteres als Richter im rechtsstaatlichen Sinne angesehen werden konnten?

Der Einigungsvertrag zeigte hier einen Mittelweg auf: Da eine Entlassung aller nicht möglich war, sollten nach einer entsprechenden Überprüfung geeignete Justizbedienstete übernommen werden. Dazu wurden Richterwahlausschüsse und Staatsanwaltsuntersuchungsausschüsse eingerichtet, die diese Überprüfungen durchführten. Die Ausschüsse setzten sich aus Mitgliedern des Landtages und bereits überprüften Ost-Richtern bzw. Ost-Staatsanwälten zusammen. Die Vorsitzenden der Ausschüsse waren erfahrene Richter aus den alten Ländern. Diese haben sich ihrer Aufgabe mit Leidenschaft und Verantwortungsbewusstsein gestellt und oft bis an die Grenzen ihrer Belastbarkeit gearbeitet, um diesen Teil der DDR-Vergangenheit aufzuarbeiten.

Es ging nicht nur um das persönliche Schicksal der Betroffenen, vielmehr trat in vielen Fällen auch das ungemein Menschenverachtende und Verbrecherische dieses Unrechtssystems ans Licht, das die Menschen über 40 Jahre lang systematisch unterdrückt hatte. Die Mitglieder der Ausschüsse mussten sich nicht nur in die teils fremde Materie einarbeiten. Sie mussten sich auch mit der Ideologie des SED-Systems auseinandersetzen, um einerseits die Anklagen und Urteile, andererseits aber auch die betroffenen Menschen, und zwar sowohl die Opfer als auch die Täter, zu verstehen. Dass besonders sorgfältig und dadurch letztlich erfolgreich gearbeitet wurde, beweist die Tatsache, dass in Thüringen nur insgesamt rund 24 gerichtliche Verfahren von Überprüften eingeleitet wurden, die mit der Entscheidung der Ausschüsse nicht einverstanden waren.

Nach welchen Kriterien wurde die Auswahl getroffen? Eine Mitgliedschaft in der SED allein reichte nicht aus, um einen Bewerber abzulehnen. Es mussten für eine solche Entscheidung andere Gesichtspunkte herangezogen werden. Verhältnismäßig klar lag die Sache, wenn der Betroffene formell oder informell mit dem Ministerium für Staatssicherheit zusammengearbeitet hatte. Bei anderen Bewerbern waren umfangreiche Recherchen erforderlich. Entscheidend war dabei die Art der bisherigen Tätigkeit als Richter oder Staatsanwalt und wie die jeweiligen Bewerber dort ihr Amt geführt hatten, ob sie Straftatbestände verwirklicht oder gar gegen Grundsätze der Menschlichkeit verstoßen hatten. Urteile, Verhandlungsprotokolle, Anklageschriften wurden herangezogen, Auskünfte bei der Gauck-Behörde und bei der Zentralen Erfassungsstelle der Landesjustizverwaltungen in Salzgitter eingeholt. Schließlich wurden alle Betroffenen, die sich der Überprüfung gestellt haben, persönlich angehört.

Wie schwierig es war, Licht in das Geschehen zu bringen und zu einer richtigen Entscheidung zu kommen, soll an einem Beispiel erläutert werden. Es war über den Antrag eines Staatsanwaltes auf Weiterbeschäftigung zu entscheiden. Nach den Entscheidungsgrundsätzen sprach gegen einen Richter oder Staatsanwalt, wenn dieser in der Art seiner Prozessführung, in Urteilsbegründungen oder

Plädoyers „das juristisch gebotene Maß zu Lasten eines Verfahrensbeteiligten überschritten" hatte. Gleiches galt, wenn er – zumal in politisch relevanten Prozessen – unverhältnismäßige Härte und vorauseilenden Gehorsam gezeigt hatte. Bei Anwendung dieser Grundsätze wäre der betreffende Staatsanwalt „draußen" gewesen. Denn nach der Aktenlage war der Fall klar: Es lag in einem Fall versuchter Republikflucht ein (auch für DDR-Gepflogenheiten) exzessiv harter Strafantrag vor. Ein klarer Fall also, bis sich beim Ausschussvorsitzenden ein Pfarrer aus Thüringen meldete, der den Fall länger und besser kannte. Damals, als die Sache verhandelt wurde, hatte der Pfarrer mit dem Staatsanwalt gesprochen und ihm klargemacht, dass der Angeklagte eine mehrjährige Haft in Bautzen gesundheitlich nicht überstehen würde. Gemeinsam „überlisteten" sie das System: Der Staatsanwalt beantragte das Doppelte der in der DDR als „angemessen" erachteten Haftstrafe, der Richter folgte ihm darin. Nach jenem unverhältnismäßigen Urteil kam der Mann zwar nach Bautzen ins „Gelbe Elend", aber zugleich auch ganz nach oben auf die Bonner „Freikauf-Liste" – und landete bald darauf im Westen. Der Staatsanwalt konnte, entgegen dem ersten Anschein, im Amt bleiben.

Entscheidend war auch die Prognose, ob die Richter und Staatsanwälte die Gewähr dafür bieten würden, dass sie treu zum Grundgesetz stehen würden, dass keine Zweifel an ihrer moralischen, politischen und berufsethischen Integrität bestehen, dass sie sich fachlich eignen und dass sie gewillt waren, sich beruflich fortzubilden.

Im November 1989 waren in Thüringen 219 Richter und 168 Staatsanwälte tätig (387). Im Zeitpunkt der Wiedervereinigung waren noch 341 im Amt (196 Richter, 145 Staatsanwälte). Von diesen hatten 128 (53 Richter, 75 Staatsanwälte) aufgrund der Ergebnisse von Voruntersuchungen (Mitarbeit bei der Stasi) ihre Bewerbungen für die Weiterbeschäftigung zurückgezogen. Von den Richtern, die sich um eine Weiterbeschäftigung bewarben, wurden 143 überprüft; 103 wurden bestätigt und übernommen, 40 abgelehnt. Von den 70 Staatsanwälten wurden 61 bestätigt und übernommen, 9 letztlich abgelehnt.

Im Jahre 1994 waren 557 Richter und Staatsanwälte im Amt. 368 von ihnen waren „berufsjung", also übernommene Diplom-Juristen (164) und Assessoren, die als Richter und Staatsanwälte nach Thüringen gekommen sind (204). Von den Richtern stammten 13 reaktivierte Pensionäre, 9 versetzte und 123 abgeordnete Richterinnen und Richter aus den alten Bundesländern. Bei den Staatsanwälten waren es 3 Pensionäre sowie 6 versetzte und 42 abgeordnete Kollegen.

Rund 100 Juristen aus Thüringen leisteten 1994 ihre Referendarzeit in einem der alten Bundesländer ab. Von diesen standen zwei Jahre später etwa die Hälfte für das Land zur Verfügung. Erst im Jahre 1997 konnten die ersten vollständig in Thüringen ausgebildeten Richter und Staatsanwälte eingestellt werden.

2. Übernahme der Justizvollzugsbediensteten

Für die Bediensteten des Justizvollzuges brachte die Wiedervereinigung in mehrfacher Hinsicht eine Veränderung ihres Dienstverhältnisses. Sie wurden Landesbedienstete in einem föderalen Staat, nämlich Thüringen, und wechselten das Ressort. Bisher waren sie als Teilverband der Polizei dem Innenministerium in Berlin unterstellt, jetzt wurden sie dem Justizressort zugeordnet. Dazu kam, dass sie sich auf völlig neue Bedingungen im Justizvollzug einzustellen hatten. Es galt jetzt, einen auf Resozialisierung gerichteten Strafvollzug zu praktizieren und nicht mehr den auf Befehl und Gehorsam basierenden Vollzug, der allein die strenge Verwahrung und unmenschliche Ausbeutung durch Schwerstarbeit beinhaltete.

3. Auswahl von Rechtsanwälten

Auch die Rechtsanwaltschaft musste neu organisiert werden. Aus den Kollegien der DDR-Zeit waren mit der Wende Einzelanwaltskanzleien geworden; die Rechtsanwaltskammer wurde neu gegründet. Die Überprüfung der Rechtsanwaltsbewerber, insbesondere auf ehemalige Stasi-Verstrickung, aber auch auf das Vorliegen der Voraussetzungen des seinerzeitigen Zulassungsrechts, erfolgte im Thüringer Justizministerium, später im Thüringer Oberlandesgericht, bevor diese Aufgabe 1996/1997 auf die Rechtsanwaltskammer überging.

So war auch Dr. Martin Stoll, der spätere Präsident des Landessozialgerichts, über ein Jahr lang mit der Zulassung von Rechtsanwälten zur Berufsausübung befasst und hat dabei in jedem Falle eine so genannte Gauck-Anfrage gestellt. Hierbei sind ihm mehrere hauptamtliche Mitarbeiter der ehemaligen Stasi bekannt geworden, die sich in den letzten Tagen der DDR noch schnell als Rechtsanwälte niedergelassen hatten. Daraufhin ergangene Entziehungsbescheide hob der Bundesgerichtshof bis auf einen Fall wieder auf.

Später trafen sich einige der betroffenen Rechtsanwälte und Dr. Stoll im Gerichtssaal wieder; einmal ging es sogar um eine Rehabilitation nach erlittenem DDR-Unrecht. Es stellte sich heraus, dass die Verfahren von den Bevollmächtigten sachgerecht und angemessen betrieben wurden. Die Vergangenheit der Rechtsanwälte spielte keine Rolle mehr. Hier war ein Schlussstrich erfolgreich gezogen; die beteiligten Gerichtspersonen waren im Alltag angelangt – und damit war der Wiederaufbau der Justiz in Thüringen zu einem weiteren Stück vollzogen!

4. Aus- und Fortbildung in der Justiz nach 1990

Neben der Hilfsbereitschaft und Solidarität anderer Justizverwaltungen sowie einer Vielzahl Justizbediensteter aus anderen Bundesländern war die konsequente und engagierte Qualifizierung und Ausbildung eigenen Personals von maßgebender Bedeutung für den Justizaufbau in Thüringen.

Stefan Kaufmann, ehemaliger Präsident des Justizprüfungsamtes und seit 2006 Präsident des Thüringer Oberlandesgerichtes, hat seine Einblicke in die Anfänge der Aus- und Fortbildung innerhalb der Thüringer Justiz geschildert:

„Bei der Aus- und Fortbildung der Thüringer Justizbediensteten haben nicht nur die offiziellen Partnerländer Hessen und Rheinland-Pfalz, sondern auch Bayern unermessliche personelle, sachliche und finanzielle Unterstützung geleistet. Ohne diese Unterstützung hätte es viele Jahre länger gedauert, eine funktionierende Justiz in Thüringen aufzubauen und rechtsstaatliche Strukturen in Thüringen zu verankern. Einerseits erscheint gerade im Bereich der Aus- und Fortbildung die Vermittlung rechtsstaatlicher Grundsätze am wirkungsvollsten gelingen zu können. Andererseits war es aus nahe liegenden Gründen erforderlich, den Bürgern der ehemaligen DDR möglichst rasch ein funktionierendes Gerichtssystem anbieten zu können. Deshalb kann all denen, die sich unermüdlich und mit fulminanter Einsatzbereitschaft für die Aus- und Fortbildung der

Thüringer Justizbediensteten bemüht haben, gar nicht genug gedankt werden.

Die in der Justiz tätigen Bediensteten, insbesondere aber die übernommenen Richter und Staatsanwälte, mussten sich umfassend neu orientieren: Kaum einer, der noch im Recht des bis 1975 auch in der DDR geltenden Bürgerlichen Gesetzbuches ausgebildet worden war oder dem die Inhalte dieser Ausbildung noch hinreichend präsent waren.

Ab Januar 1991 richteten die dafür zuständigen Justizprüfungsämter der Partnerländer Hessen und Rheinland-Pfalz gewissermaßen als Eilmaßnahme zwölfwöchige Kurse für jeweils 40 bis 50 Personen ein, an der alle Richter und Staatsanwälte teilnahmen, die einen Antrag auf Weiterbeschäftigung gestellt hatten. Die Teilnahme an den Kursen war obligatorisch. Der Lehrstoff war konkret auf den Rechtsbereich ausgerichtet, in dem die Teilnehmer jeweils in ihrem Gericht eingesetzt waren. Ein Umstand beeinträchtigte allerdings damals die Motivation der Teilnehmer: noch waren nicht alle von ihnen vom Richterwahlausschuss überprüft worden, so dass einige noch immer mit einer Beendigung des Dienstverhältnisses rechnen mussten.

Ab November 1991, die Überprüfung der Thüringer Richterschaft war zwischenzeitlich weitgehend abgeschlossen, führte das damalige Thüringer Ministerium für Justiz- und Europaangelegenheiten die Ausbildung fort. Jetzt hatten die übernommenen Richter und Staatsanwälte zunächst vier einwöchige Kurse zu besuchen, die jeweils einen möglichst umfassenden Einblick in ein Hauptrechtsgebiet geben sollten. Um eine kontinuierliche Betreuung zu gewährleisten, fanden anschließend über mehrere Jahre einmal pro Woche Arbeitsgemeinschaften statt, die mit denen des juristischen Vorbereitungsdienstes durchaus vergleichbar waren, jedoch anders als dort nicht nur fünf, sondern acht Unterrichtsstunden dauerten. Hier wurden die Teilnehmer nicht nur unterrichtet, sondern konnten auch ihre am Arbeitsplatz auftretenden Fragen an die Arbeitsgemeinschaftsleiter herantragen und mit den Kolleginnen und Kollegen besprechen. Die Ausbilder für die Kurse und die anschließenden Arbeitsgemeinschaften konnten aus Hessen, Rheinland-Pfalz und auch Bayern gewonnen werden. Ihnen gebührt großer Dank.

Zur gleichen Zeit musste die übliche Fortbildung für die damals zahlreich neu eingestellten Richter und Staatsanwälte organisiert werden. Es waren dies ganz überwiegend junge Kolleginnen und Kollegen, die kurz zuvor die Zweite juristische Staatsprüfung – zumeist noch in den alten Bundesländern – abgelegt hatten. Dementsprechend orientierte sich das Fortbildungsprogramm stark an den Bedürfnissen von Berufsanfängern (und war daher auch für die übernommenen Richter und Staatsanwälte durchaus von Interesse). So gingen, um nur ein Beispiel zu erwähnen, für das angebotene Seminar „Haftung im Straßenverkehr" so viele Anmeldungen ein, dass dieses Seminar dreimal durchgeführt werden musste. Um die exorbitante Hilfsbereitschaft der Partnerländer zu demonstrieren, kann in diesem Zusammenhang – pars pro toto – auch eine speziell für die Ausbildung gedachte „Laptop-Spende" des Hessischen Justizministeriums erwähnt werden. Mit Hilfe der 10 gespendeten Laptops konnten zahlreiche PC-Seminare und Workshops angeboten werden, die sich einer enormen Nachfrage erfreuten.

Für noch nicht im Beruf stehende Diplomjuristen, die ihre Ausbildung kurz vor oder kurz nach der Wende beendet hatten und noch insgesamt oder zu großen Teilen nach DDR-Recht ausgebildet worden waren, stellte der Gesetzgeber einen so bezeichneten „Besonderen Vorbereitungsdienst" in Bayern und Hessen zur Verfügung. Dieser dauerte mit zweieinhalb Jahren nur unwesentlich länger als der herkömmliche Vorbereitungsdienst. Die Teilnehmer mussten nicht nur wie im herkömmlichen Vorbereitungsdienst das formelle Recht erlernen, sondern auch das gesamte materielle Recht „nachholen". Schließlich absolvierten sie die Prüfungen zum Zweiten juristischen Staatsexamen nach den gleichen Maßstäben und mit allen anderen (bayerischen bzw. hessischen) Kandidaten, die den herkömmlichen Vorbereitungsdienst durchlaufen hatten. Dass sich die Prüfungsergebnisse der damaligen Diplomjuristen sehen lassen konnten, ist ein Beleg für die hohe Motivation der Teilnehmer, aber auch für den besonderen Einsatz der Ausbilder.

Am 27. November 1992 wurde die Friedrich-Schiller-Universität, die einzige Volluniversität Thüringens, die auch die einzige rechtswissenschaftliche Fakultät in Thüringen beherbergt, feierlich wiedereröffnet. Nur wenige Monate danach meldeten sich 36 Kandidaten zur Ersten juristischen Staatsprüfung an. Die meisten der erfolgreichen 29 Absolventen bewarben sich in Thüringen zum dort erstmals stattfindenden juristischen Vorbereitungsdienst, sodass am 1. November 1993 insgesamt 33 Referendare als Beamte auf Widerruf in den juristischen Vorbereitungsdienst aufgenommen werden konnten.

Die Zahl der jährlich geprüften Kandidaten in der Ersten juristischen Staatsprüfung stieg schnell an, und zwar im Jahr 1995 sprunghaft auf 288, danach kontinuierlich bis ins Jahr 2000 auf 406, um sich in den Folgejahren auf Werte zwischen 300 und 400 einzupendeln. Gleichermaßen stieg auch die Zahl der Kandidaten in der Zweiten juristischen Prüfung an, bis im Jahr 2004 die bislang höchste Zahl von 325 Bewerbern geprüft werden musste.

Mit der bis 2004 steigenden Anzahl von Prüflingen waren stets erhebliche Belastungen für die Mitarbeiter des Justizprüfungsamts verbunden. Eine besondere Herausforderung stellte es in der ersten Zeit dar, geeignete Prüfer zu gewinnen. Die meisten Leistungsträger waren ohnehin überobligatorisch belastet. Dies und die rapide steigende Zahl von Kandidaten ließ recht schnell die Einsicht wachsen, dass die hohe Zahl schriftlicher Prüfungsarbeiten – zwölf Aufsichtsarbeiten im Zweiten Examen – doch zu viel des Guten war.

Die Anzahl der schriftlichen Aufsichtsarbeiten im Zweiten Examen wurde auf nur noch 10 Klausuren reduziert.

Das Pendant der westdeutschen Rechtspfleger waren in der DDR – zumindest weitgehend – die Justizsekretäre (Fachschuljuristen). Sie oder übernommene Diplomjuristen konnten nun nach den Maßgaben des Einigungsvertrags mit Rechtspflegeraufgaben betraut werden. Allerdings zunächst nur in einem „Bereich" wie Grundbuch-, Betreuungs- oder Insolvenzrecht, in dem sie sich zuvor einem dreimonatigen Lehrgang unterzogen hatten. Man bezeichnete sie deshalb als „Bereichsrechtspfleger". Die Lehrgänge begannen bereits im Jahr 1991. Für Bereichsrechtspfleger bestand in der Folgezeit die Möglichkeit, zusätzliche Bereichs-Lehrgänge zu absolvieren. Außerdem konnten sich interessierte Bereichsrechtspfleger zum (Voll)Rechtspfleger ausbilden lassen. Davon hat etwa die Hälfte der Bereichsrechtspfleger Gebrauch gemacht. Man kann nicht umhin, in diesem Zusammenhang auf den Kraftakt hinzuweisen, der von allen Beteiligten zu leisten war: Von den Teilnehmern, die noch einmal die „Schulbank drückten" – anfangs an der Fachhochschule in Rothenburg an der Fulda, später in der

Finanzschule in Gotha – und jeden Lehrgang mit einer schriftlichen Prüfung abschließen mussten; von den Ausbildern, Dozenten der Fachhochschule Rotenburg, die später nach Gotha kamen und diese Ausbildung neben ihrem Hauptamt zu erbringen hatten. Aber auch die entsendenden Gerichte und die dort Beschäftigten wurden stark gefordert, weil sie die mehrfachen langfristigen Ausfälle der Bereichsrechtspfleger zu verkraften hatten. Am 8. April 2004 konnte der damalige Justizstaatssekretär Arndt Koeppen in einer feierlichen Stunde im repräsentativen Finanzgericht in Gotha den letzten 13 auf diese Weise ausgebildeten ehemaligen Bereichsrechtspflegern das Rechtspflegerdiplom aushändigen. Gleichzeitig musste aber auch die herkömmliche Rechtspflegerausbildung organisiert und betrieben werden. Bereits 1991 konnten 35 Rechtspflegeranwärter eingestellt werden, 1992 war die Zahl sogar auf 43 angestiegen. Der theoretische Teil der Ausbildung wird aufgrund eines Staatsvertrages mit Hessen an der Verwaltungsfachhochschule Rotenburg an der Fulda absolviert.

Die übernommenen Beschäftigten im Geschäftsstellenbereich der Thüringer Gerichte und Staatsanwaltschaften wurden an Gerichten in Rheinland-Pfalz und Bayern ausgebildet. Die erstmals 1991 eingestellten „regulären" Justizassistentenanwärter legten im Herbst 1993 die Laufbahnprüfung für den mittleren Justizdienst ab. Eine abgekürzte Ausbildung, die an der ehemaligen Fachschule für Verwaltung und Rechtspflege in Weimar angeboten worden war, hatte bereits mit den Prüfungen im August 1991 geendet. 1994 befanden sich 81 Anwärter in der Ausbildung, die in Hessen und Rheinland-Pfalz stattfand.

In der DDR gab es keine Gerichtsvollzieher. Gerichtsvollzieher sind jedoch ein wesentlicher Faktor für die Wirtschaft eines Landes, der die Qualität eines Standortes nicht unerheblich beeinflusst. Die Wirtschaft ist auf eine zügige Beitreibung von Forderungen angewiesen. Es musste deshalb rasch dafür Sorge getragen werden, dass ausreichend Gerichtsvollzieher vorhanden waren. Ein erster Lehrgang („Crash-Kurs") fand im Februar 1991 statt. Alle Teilnehmer waren bereits im Oktober des gleichen Jahres mit Gerichtsvollzieheraufgaben betraut. Auch im Jahr 1992 wurden noch derartige Intensivkurse angeboten. Teilnehmer dieser Kurse waren nicht Justizbedienstete, wie bei der regulären Ausbildung, sondern Bewerber von außerhalb *der Justiz (etwa Bankangestellte, Zeitsoldaten usw.). Alle zwei Wochen betreute ein hessischer Obergerichtsvollzieher die beauftragten Gerichtsvollzieher im Rahmen einer Unterweisung am praktischen Fall."*

IV. Vertrauen in den Rechtsstaat

Eine der wichtigsten Aufgaben in Thüringen und in allen neuen Ländern war es, den Menschen Vertrauen in den Rechtsstaat zu geben.

Dazu trugen zunächst insbesondere die strafrechtlichen und verwaltungsrechtlichen Rehabilitationsverfahren bei. In den strafrechtlichen Rehabilitierungsverfahren wurden die Unrechtsurteile der DDR-Justiz aufgehoben. Durch eine neue Entscheidung wurde den zu Unrecht Verurteilten zunächst einmal dadurch Recht verschafft, dass die früher ergangenen Urteile ausdrücklich aufgehoben wurden und die Verurteilten die Gewissheit erhielten, dass die sie belastenden Schuldsprüche keine Geltung mehr hatten. Zudem war die Rehabilitation Voraussetzung, um eine Entschädigung für unschuldig erlittene Strafhaft zu erhalten. Dass dies auch notwendig war, besagen die Zahlen: rund 12.000 Anträge auf strafrechtliche Rehabilitation wurden bislang gestellt.

Auf Anregung Thüringens haben sich Bundestag und Bundesrat auch mit der Entschädigung des sogenannten Verwaltungsunrechts befasst. Hier ging es um die Entschädigung in den Fällen, in denen persönliche Nachteile nicht durch eine Verurteilung erwachsen sind, sondern durch das Tätigwerden der Verwaltung, so zum Beispiel durch gezielte Benachteiligung in Ausbildung und Beruf. Die subtilen Repressionen waren sehr vielfältig.

In Thüringen spielten zudem die Schicksale der sogenannten Zwangsausgesiedelten eine große Rolle, die in den 1950er Jahren des vorigen Jahrhunderts aus den Sperrgebieten entlang der innerdeutschen Grenze ausgesiedelt worden waren.

Als letztes Beispiel für die Bemühungen, das Vertrauen in die Justiz zu festigen, soll die Verfolgung von Personen dienen, die in ihrer früheren Tätigkeit als Richter und Staatsanwälte strafrechtlich relevantes Unrecht begangen haben. So sind alleine im Bereich der Thüringer Justiz etwa 1.000 Ermittlungsverfahren gegen ehemalige Richter und Staatsanwälte eingeleitet worden. Kam es trotz dringenden Verdachts in nicht wenigen Fällen auch zu keinen Verurteilungen, so werden die Justizakten der 1990er Jahre bei der noch ausstehenden historischen Aufarbeitung der Geschichte der DDR und ihrer Diktatur wertvolles Quellenmaterial sein. Dem beharrlichen Einsatz unter anderem des Freistaats Thüringen bei der Verlängerung des Stasi-Unterlagengesetzes im Jahr 2006 ist es zu verdanken, dass es auch weiterhin möglich bleibt, diesen unrühmlichen Teil deutscher Vergangenheit aufzuarbeiten.

Fast zwei Jahrzehnte sind nun seit der Wiedervereinigung vergangen. Wie schnell die Zeit vorübergegangen ist, ist auch daran zu erkennen, dass nach Prof. Dr. Dr. h. c. Hans-Joachim Jentsch (1991 – 1994), Otto Kretschmer (1994 – 1998), Dr. Andreas Birkmann (1999 – 2002), Dr. Karl Heinz Gasser (2002 – 2004) und Harald Schliemann (2004 – 2008) mit Marion Walsmann nach fünf männlichen Vorgängern nunmehr eine Frau an der Spitze der Thüringer Justiz steht. Sie alle haben dafür Sorge getragen, dass Thüringen heute über eine qualifizierte Personalausstattung der Justiz sowie eine moderne Organisation und Ausstattung der Gerichte und Staatsanwaltschaften verfügt.

Die Bürgerinnen und Bürger des Freistaats haben inzwischen die funktionierende rechtsstaatliche Justiz angenommen. Es ist Aufgabe der Justiz, für die Wertschätzung der Regeln und Verfahrensweisen des Rechtsstaats als besonders kostbares Gut der Wiedervereinigung in tagtäglicher Arbeit zu werben. Noch sind eine gewisse Unsicherheit und ein latentes Unbehagen gegenüber der Justiz und dem Rechtsstaat zu beobachten. Viele sind enttäuscht wenn sie erfahren müssen, dass die von Menschen gesetzten Regeln des Rechts und die Gerechtigkeit auch im Rechtsstaat nicht immer deckungsgleich sind und deshalb Recht und Gerechtigkeit auseinanderklaffen können. Die Bürgerrechtlerin Bärbel Bohley hat 1991 den Satz geprägt *„Wir haben Gerechtigkeit erwartet und den Rechtsstaat erhalten.“*. Dieser Satz lässt in der Tat diese Skepsis gegenüber der Einführung einer rechtsstaatlichen Justiz erkennen. Demgegenüber sei an ein Wort des Rechtsphilosophen Gustav Radbruch erinnert, das dieser im Jahre 1946 aus seiner Erfahrung in der Zeit der Diktatur des Nationalsozialismus formuliert hat:

„Wir haben die Gerechtigkeit zu suchen, zugleich die Rechtssicherheit zu beachten, da sie selber ein Teil der Gerechtigkeit ist, und einen Rechtsstaat wieder aufzubauen, der beiden Gedanken nach Möglichkeit Genüge zu tun hat. Demokratie ist gewiss ein preisenswertes Gut. Rechtsstaat ist aber wie das tägliche Brot, wie Wasser zu trinken und wie Luft zu atmen, und das beste an der Demokratie gerade dieses, dass nur sie geeignet ist, den Rechtsstaat zu sichern."

Wir alle, die wir Verantwortung für den Rechtsstaat tragen, müssen stets aufs Neue den Kontakt mit den Bürgerinnen und Bürgern suchen, um ihnen den Wert einer rechtsstaatlichen Justiz zu vermitteln. Dann wird der Rechtsstaat auch künftig seiner Aufgabe, Frieden zu stiften, gerecht werden.

Amtsinhaber und ihre Amtszeiten

Justizminister:

Prof. Dr. Dr. h.c. Hans-Joachim Jentsch	1990 bis 1994
Otto Kretschmer	1994 bis 1999
Dr. Andreas Birkmann	1999 bis 2002
Dr. Karl Heinz Gasser	2002 bis 2004
Harald Schliemann	2004 bis 2008
Marion Walsmann	seit 2008

Staatssekretäre:

Dr. Karl Heinz Gasser (Justiz)	1990 bis 1994
Wolfgang Egerter (Europa)	1990 bis 1992
Volker Schemmel	1994 bis 1999
Manfred Scherer	1999 bis 2001
Arndt Koeppen	2001 bis 2004
Manfred Scherer	2004 bis 2006
Rüdiger Hütte	2006 bis 2007
Michael Haußner	seit 2007

Präsidenten des Thüringer Verfassungsgerichtshofes:

Gunter Becker	1995 bis 2000
Dr. h. c. Hans-Joachim Bauer	2000 bis 2005
Harald Graef	seit 2005

Präsidenten des Thüringer Oberlandesgerichts:

Dr. h. c. Hans-Joachim Bauer	1993 bis 2006
Stefan Kaufmann	seit 2006

Präsidenten des Thüringer Oberverwaltungsgerichts:

Prof. Dr. Hans-Joachim Strauch	1994 bis 2004
Dr. Hartmut Schwan	seit 2004

Präsidenten des Thüringer Landessozialgerichts:

Gunter Becker	1993 bis 2006
Dr. Martin Stoll	seit 2007

Präsidenten des Thüringer Landesarbeitsgerichts:

Dr. Hanns-Erhardt Schäcker	1993 bis 1997
Rolf Lennartz	1997 bis 2004
Karl Kotzian-Marggraf	seit 2007

Präsidenten des Thüringer Finanzgerichts:

Dr. h. c. Elmar Joseph Schuler	1993 bis 2007
Hubert Mohr	seit 2008

Generalstaatsanwälte:

Thomas Hutt (kommissarisch)	1990 bis 1992
Friedrich Hoffmann	1993 bis 1995
Winfried Schubert	1995 bis 2004
Michael Haußner	2005 bis 2007
Hartmut Reibold	seit 2007

Präsidenten des Landesjustizprüfungsamtes:

Dr. Dirck Leimert	1992 bis 1997
Dr. Hans Peter Brause	1997 bis 2000
Stefan Kaufmann	2000 bis 2004
Uwe Homberger	seit 2004

Leiter der Justizvollzugsabteilung im Thüringer Justizministerium:

Helmut Dargel	1990 bis 2003
Dr. Udo Wedekind (kommissarisch)	2003 bis 2004
Jörg Geibert	seit 2004

Thüringer Verfassungsgerichtshof
Thüringer Obergerichte
Thüringer Generalstaatsanwaltschaft

**Thüringer Verfassungsgerichtshof,
Thüringer Oberverwaltungsgericht,
Weimar**

Justizzentrum Jena

Thüringer Oberlandesgericht, Thüringer Generalstaatsanwaltschaft, Amtsgericht, Zweigstelle Jena der Staatsanwaltschaft Gera, Soziale Dienste

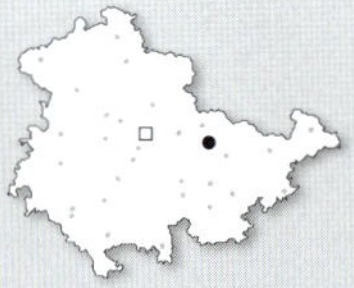

Justizzentrum Erfurt
Thüringer Landesarbeitsgericht, Thüringer Landessozialgericht, Amtsgericht, Arbeitsgericht, Staatsanwaltschaft, Soziale Dienste

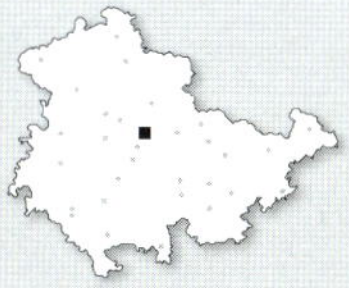

Thüringer Finanzgericht
Sozialgericht Gotha

Landesregierung, sondern ganz gewiss auch im Namen der Bürgerinnen und Bürger unseres Freistaats.

Mit diesem Präsent will ich Ihnen im Namen der Thüringer Justiz meine Anerkennung ausdrücken. Der kompakte Band entstand bereits im Jahr 2008 und dokumentiert in anschaulicher Weise den erfolgreichen Wiederaufbau der rechtsstaatlichen Justiz in Thüringen.

Für Ihre persönliche Zukunft wünsche ich ihnen alles Gute, Gesundheit und Wohlergehen und hoffe, dass Sie dem Freistaat Thüringen wie bisher eng verbunden bleiben.

Ihr

Dr. Holger Poppenhäger

Erfurt, 13. Dezember 2010

Sehr geehrte Damen und Herren,

das Jahr 2010 neigt sich dem Ende entgegen – es hat zahlreiche Jubiläen mit sich gebracht. Vor wenigen Wochen haben wir vielerorts gemeinsam an den 20. Jahrestag der wiedererlangten deutschen Einheit erinnert. In unmittelbarem Zusammenhang mit der Deutschen Einheit stand im Oktober 1990 die Wiedergründung der Länder im Osten Deutschlands.

Mit der Schaffung der „neuen" Länder stand vor uns allen die Aufgabe, abermals eine demokratische Rechts- und Verfassungsordnung zu etablieren, die ganz wesentlich durch eine unabhängige Justiz geprägt wird. Die wichtigste Zäsur hierfür setzte die im Oktober 1994 nach einem Volksentscheid in Kraft getretene Verfassung des Freistaats Thüringen.

Der erfolgreiche Wiederaufbau einer unabhängigen, rechtsstaatlichen und bürgernahen Justiz in Thüringen wäre ohne die vielfachen Hilfen, die gelebte Solidarität aus Hessen, Rheinland-Pfalz und Bayern nicht möglich gewesen. Eine besondere Bedeutung entfaltete dabei das persönliche Engagement von Richterinnen und Richtern, Staatsanwältinnen und Staatsanwälten, Rechtspflegerinnen und Rechtspflegern und zahlreichen Bediensteten in den Justizverwaltungen und im Justizvollzug. Ihr Sachverstand und ihre langjährige Berufserfahrung waren unverzichtbar für die zu bewältigenden Aufgaben. Die Aufbauhilfe war für die Beteiligten vielfach von Entbehrungen und besonderen Belastungen begleitet.

Es ist mir daher ein besonderes Bedürfnis, Ihnen allen auf diesem Wege noch einmal herzlich für Ihren persönlichen Einsatz und Ihre Verdienste um die rechtsstaatliche Justiz in Thüringen zu danken. Ich tue dies nicht nur als Thüringer Justizminister und im Namen der Thüringer

Justizgebäude
im Landgerichtsbezirk Erfurt

Landgericht Erfurt

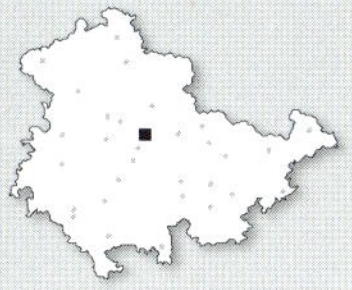

Amtsgericht Gotha

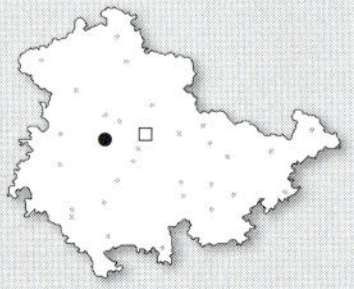

51

Amtsgericht Sömmerda

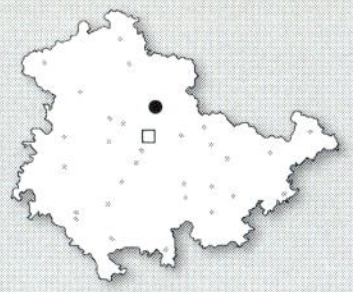

Amtsgericht Arnstadt

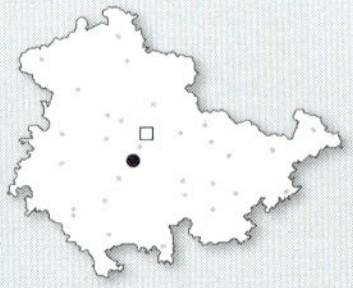

Zweigstelle Ilmenau des Amtsgerichts Arnstadt

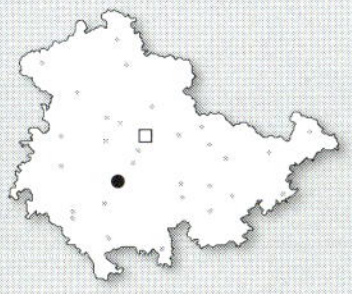

Amtsgericht Apolda

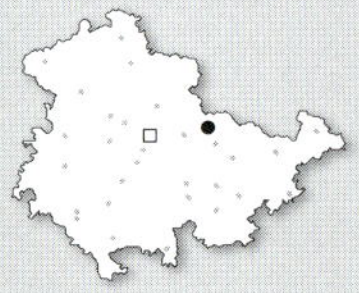

Amtsgericht Weimar

Verwaltungsgericht Weimar

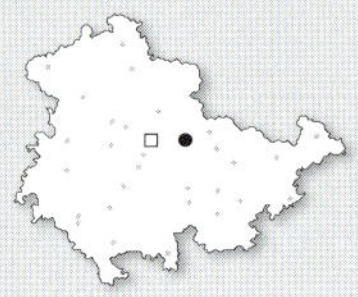

Justizgebäude
im Landgerichtsbezirk Gera

Landgericht Gera

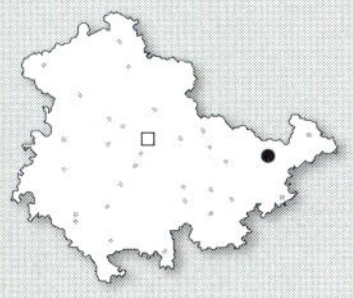

Schloss Tinz
Außenstelle des Landgerichts Gera

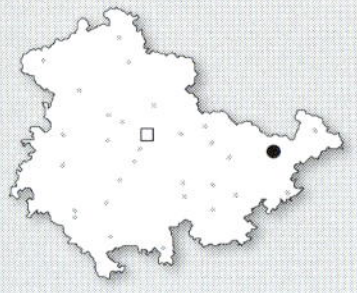

61

Amtsgericht Gera

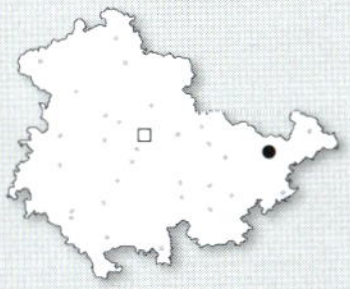

Verwaltungsgericht, Arbeitsgericht und
Staatsanwaltschaft Gera

63

Amtsgericht Greiz

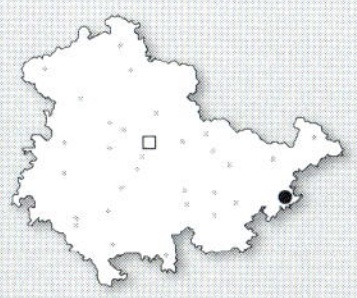

Amtsgericht Pößneck

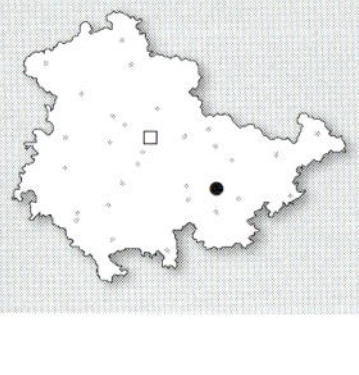

Zweigstelle Bad Lobenstein des Amtsgerichts Pößneck

Amtsgericht Rudolstadt und Zweigstelle Rudolstadt der Staatsanwaltschaft Gera

Zweigstelle Saalfeld des Amtsgerichts Rudolstadt

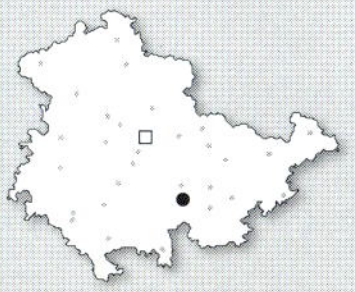

Amtsgericht Altenburg

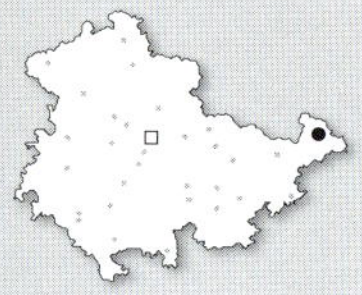

69

Sozialgericht Altenburg

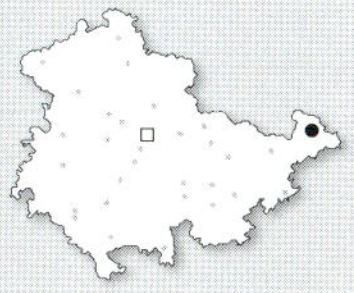

Amtsgericht Stadtroda

Arbeitsgericht Jena

Justizgebäude
im Landgerichtsbezirk Meiningen

Justizzentrum Meiningen

Landgericht, Verwaltungsgericht, Sozialgericht,
Amtsgericht, Staatsanwaltschaft, Soziale Dienste

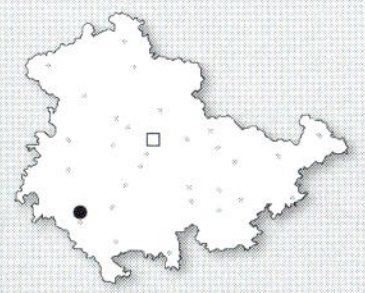

Amtsgericht und Arbeitsgericht Eisenach

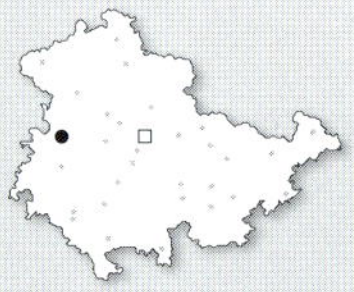

Amtsgericht Hildburghausen

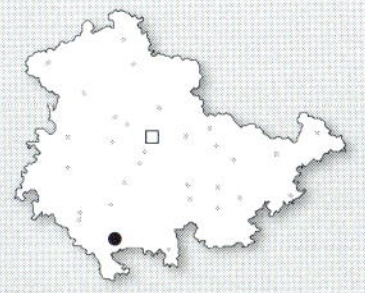

Amtsgericht und Arbeitsgericht Suhl

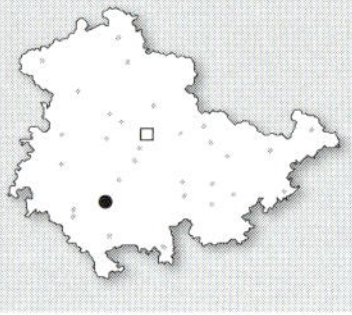

79

Amtsgericht Sonneberg

Amtsgericht Bad Salzungen

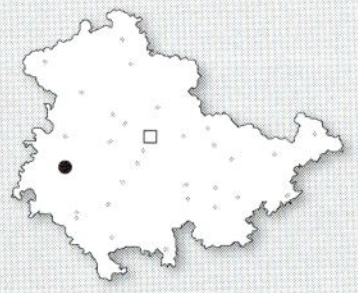

Justizgebäude
im Landgerichtsbezirk Mühlhausen

Justizzentrum Mühlhausen
Landgericht und Staatsanwaltschaft

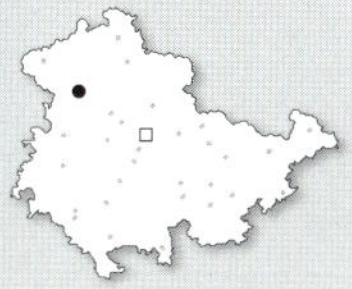

Amtsgericht Mühlhausen

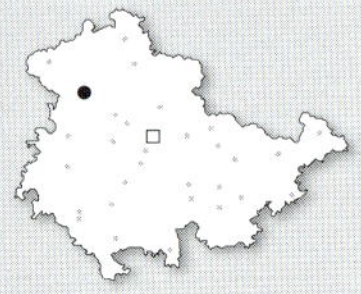

Zweigstelle Bad Langensalza des
Amtsgerichts Mühlhausen

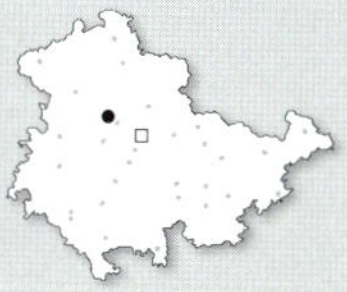

Amtsgericht Nordhausen

Sozialgericht Nordhausen

Arbeitsgericht Nordhausen

89

Amtsgericht Heilbad Heiligenstadt

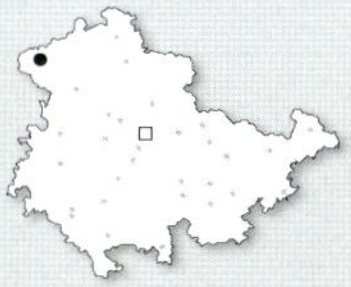

Amtsgericht Sondershausen

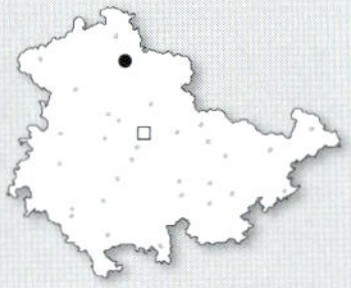

Thüringer Justizvollzugsanstalten

Justizvollzugsanstalt Untermaßfeld

**Jugendarrestanstalt Weimar
und Zweiganstalt Weimar der
Jugendstrafanstalt Ichtershausen**

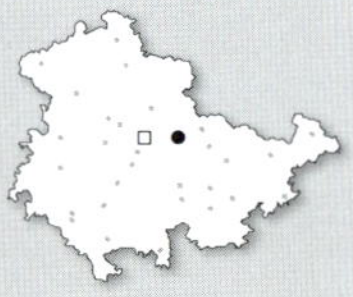

Jugendstrafanstalt Ichtershausen

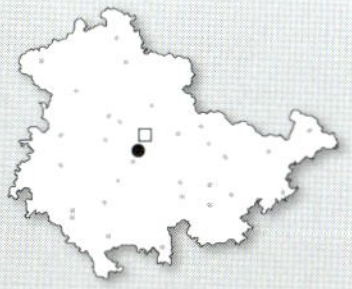

Justizvollzugsanstalt Gera

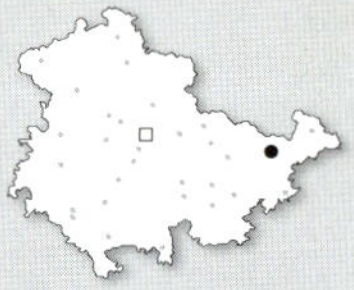

Justizvollzugsanstalt Tonna

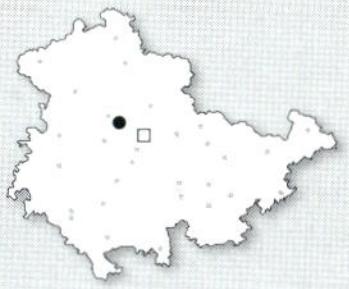

Justizvollzugsanstalt Suhl - Goldlauter

99

Justizvollzugsanstalt Hohenleuben

Adressen

Thüringer Justizministerium
Werner-Seelenbinder-Straße 5
99096 Erfurt

Thüringer Verfassungsgerichtshof
Kaufstraße 2 – 4
99423 Weimar

Thüringer Oberlandesgericht
Justizzentrum Jena
Rathenaustraße 13
07745 Jena

Landgericht Erfurt
Domplatz 37
99084 Erfurt

Amtsgericht Apolda
Jenaer Straße 8
99510 Apolda

Amtsgericht Arnstadt
Längwitzer Straße 26
99310 Arnstadt

Zweigstelle Ilmenau
des Amtsgerichts Arnstadt
Wallgraben 8
98693 Ilmenau

Amtsgericht Erfurt
Justizzentrum Erfurt
Rudolfstraße 46
99092 Erfurt

Amtsgericht Gotha
Justus-Perthes-Straße 2
99867 Gotha

Amtsgericht Sömmerda
Weissenseer Straße 52
99610 Sömmerda

Amtsgericht Weimar
Ernst-Kohl-Straße 81
99423 Weimar

Landgericht Gera
Rudolf-Diener-Straße 2
07545 Gera

Schloss Tinz
Außenstelle des Landgerichts Gera
Weg der Freundschaft 4
07545 Gera

Amtsgericht Altenburg
Burgstraße 11
04600 Altenburg

Amtsgericht Gera
Rudolf-Diener-Straße 1
07545 Gera

Amtsgericht Greiz
Brunnengasse 10
07973 Greiz

Amtsgericht Jena
Justizzentrum Jena
Rathenaustraße 13
07745 Jena

Amtsgericht Pößneck
Bahnhofstraße 18
07381 Pößneck

Zweigstelle Bad Lobenstein
des Amtsgerichts Pößneck
Mühlgasse 19 c
07356 Bad Lobenstein

Amtsgericht Rudolstadt
Marktstraße 54
07407 Rudolstadt

Zweigstelle Saalfeld
des Amtsgerichts Rudolstadt
Beulwitzer Straße 10
07318 Saalfeld

Amtsgericht Stadtroda
Schlossstrasse 2
07646 Stadtroda

Landgericht Meiningen
Lindenallee 15
98617 Meiningen

Amtsgericht Bad Salzungen
Kirchplatz 6 - 8
36433 Bad Salzungen

Amtsgericht Eisenach
Theaterplatz 5
99817 Eisenach

Amtsgericht Hildburghausen
Johann-Sebastian-Bach-Straße 2
98646 Hildburghausen

Amtsgericht Meiningen
Lindenallee 15
98617 Meiningen

Amtsgericht Sonneberg
Untere Marktstraße 2
96515 Sonneberg

Amtsgericht Suhl
Rimbachstraße 30
98527 Suhl

Landgericht Mühlhausen
Eisenacher Straße 41
99974 Mühlhausen

Amtsgericht
Heilbad Heiligenstadt
Wilhelmstraße 43
37308 Heilbad Heiligenstadt

Amtsgericht Mühlhausen
Untermarkt 17
99974 Mühlhausen

Zweigstelle Bad Langensalza
des Amtsgerichts Mühlhausen
Gothaer Landstraße 1
99947 Bad Langensalza

Amtsgericht Nordhausen
Rudolf-Breitscheid-Straße 6
99734 Nordhausen

Amtsgericht Sondershausen
Ulrich-von-Hutten-Straße 2
99706 Sondershausen

Thüringer
Oberverwaltungsgericht
Kaufstraße 2 - 4
99423 Weimar

Verwaltungsgericht Gera
Hainstraße 21
07545 Gera

Verwaltungsgericht
Meiningen
Lindenallee 15
98617 Meiningen

Verwaltungsgericht Weimar
Rießnerstraße 12 b
99427 Weimar

Thüringer Landessozialgericht
Justizzentrum Erfurt
Rudolfstraße 46
99092 Erfurt

Sozialgericht Altenburg
Pauritzer Platz 1
04600 Altenburg

Sozialgericht Gotha
Bahnhofstraße 3 a
99867 Gotha

Sozialgericht Nordhausen
Am Alten Tor 8
99734 Nordhausen

Sozialgericht Meiningen
Lindenallee 15
98617 Meiningen

Thüringer Landesarbeitsgericht
Justizzentrum Erfurt
Rudolfstraße 46
99092 Erfurt

Arbeitsgericht Erfurt
Justizzentrum Erfurt
Rudolfstraße 46
99092 Erfurt

Arbeitsgericht Eisenach
Theaterplatz 5
99817 Eisenach

Arbeitsgericht Gera
Hainstraße 21
07545 Gera

Arbeitsgericht Jena
August-Bebel-Straße 3
07743 Jena

Arbeitsgericht Nordhausen
Käthe-Kollwitz-Str. 1 b
99734 Nordhausen

Arbeitsgericht Suhl
Rimbachstraße 30
98527 Suhl

Thüringer Finanzgericht
Bahnhofstraße 3 a
99867 Gotha

Thüringer Generalstaatsanwaltschaft
Justizzentrum Jena
Rathenaustraße 13
07745 Jena

Staatsanwaltschaft Erfurt
Justizzentrum Erfurt
Rudolfstraße 46
99092 Erfurt

Staatsanwaltschaft Gera
Hainstraße 21
07545 Gera

Zweigstelle Jena
der Staatsanwaltschaft Gera
Justizzentrum Jena
Rathenaustraße 13
07745 Jena

Zweigstelle Rudolstadt
der Staatsanwaltschaft Gera
Marktstraße 54
07407 Rudolstadt

Staatsanwaltschaft
Meiningen
Lindenallee 15
98617 Meiningen

Staatsanwaltschaft
Mühlhausen
Eisenacher Straße 41
99974 Mühlhausen

Justizvollzug:

Justizvollzugsanstalt Gera
Greizer Straße 70
07545 Gera

Justizvollzugsanstalt
Suhl-Goldlauter
Zellaer Straße 154
98528 Suhl

Jugendstrafanstalt Ichtershausen
Alexander-Puschkin-Straße 7
99334 Ichtershausen

Justizvollzugsanstalt
Hohenleuben
Gartenstraße 4
07958 Hohenleuben

Justizvollzugsanstalt Tonna
Im Stemker 4
99958 Tonna / OT Gräfentonna

Justizvollzugsanstalt
Untermaßfeld
Karl-Marx-Straße 8
98617 Untermaßfeld

Thüringer Jugendarrestanstalt
und Zweigstelle Weimar
der Jugendstrafanstalt
Ichtershausen
Carl-von Ossietzky-Straße 60 a
99423 Weimar

Danksagung

Unser besonderer Dank gilt den Mitautoren dieses Buches Dr. h. c. Hans-Joachim Bauer, Dr. Rolf Faber, Michael Haußner, Stefan Kaufmann, Ulrich Lübbers, Hartmut Reibold, Harald Schliemann, Dr. Malve Schöne, Dr. h. c. Elmar Joseph Schuler, Dr. Martin Stoll und Josef-Heinz Wolf. Professor Dr. Udo Ebert danken wir für seine Hilfe bei der Suche nach dem Motto dieses Buches. Die namentliche Nennung all derjenigen aus den Thüringer Gerichtsbarkeiten, den Thüringer Justizvollzugsanstalten und dem Thüringer Justizministerium, die uns mit Rat, Tat und Informationen unterstützt haben, würde den Umfang dieser Danksagung sprengen. Jedoch gilt jenen ebenso unser herzlicher Dank. Stellvertretend für alle seien Michael Florschütz, Thomas Friedrich, Thomas Lenzer und Gabriele Mosch genannt.

Bild- und Quellennachweis

Für die freundliche Unterstützung bei der Bereitstellung der Fotographien danken wir:

Amtsgericht Greiz:	Seite 63
Arbeitsgericht Nordhausen:	Seite 88
Rüdiger Böker:	Seite 49
Dr. Rolf Faber:	Seiten 50, 55, 86, 90
Michael Florschütz:	Seiten 51, 53, 79
Landgericht Mühlhausen:	Seite 83
Thomas Lenzer:	Seiten 93, 97
Sandra Littmann:	Seite 45

Dr. Malve Schöne: Fotographien auf dem Einband und Seiten: 4, 43, 44, 52, 54, 56, 59, 60, 61, 62, 64, 65, 66, 67, 68, 69, 70, 71, 75, 76, 78, 80, 85, 89, 94, 95, 96, 98, 99

Stephan Six:	Seite 77
Sozialgericht Nordhausen:	Seite 87
Thüringer Finanzgericht:	Seite 46
Ingolf Wichmann:	Seite 84

Quellennachweis

Motto: Paul Johann Anselm von Feuerbach, Die hohe Würde des Richteramts (Antrittsrede bei Gelegenheit der Einführung als Präsident des Appellationsgerichts für den Rezatkreis in Ansbach am 21. April 1817), in: ders., Kleine Schriften vermischten Inhalts, Nürnberg 1833, S. 123 ff.

Impressum

1. Auflage, 2008

Herausgeber:
Thüringer Justizministerium
Werner-Seelenbinder-Straße 5
99096 Erfurt
www.thueringen.de/justiz

Graphische Gestaltung und Satz:
Leography.com
Bachstraße 2
99510 Apolda
www.leography.com

Druck:
Liebeskind Druck GmbH
Gewerbepark an der B 87
Beim Weidige 1
99510 Apolda
www.liebeskind-druck.de

ISBN 978-3-00-024624-1

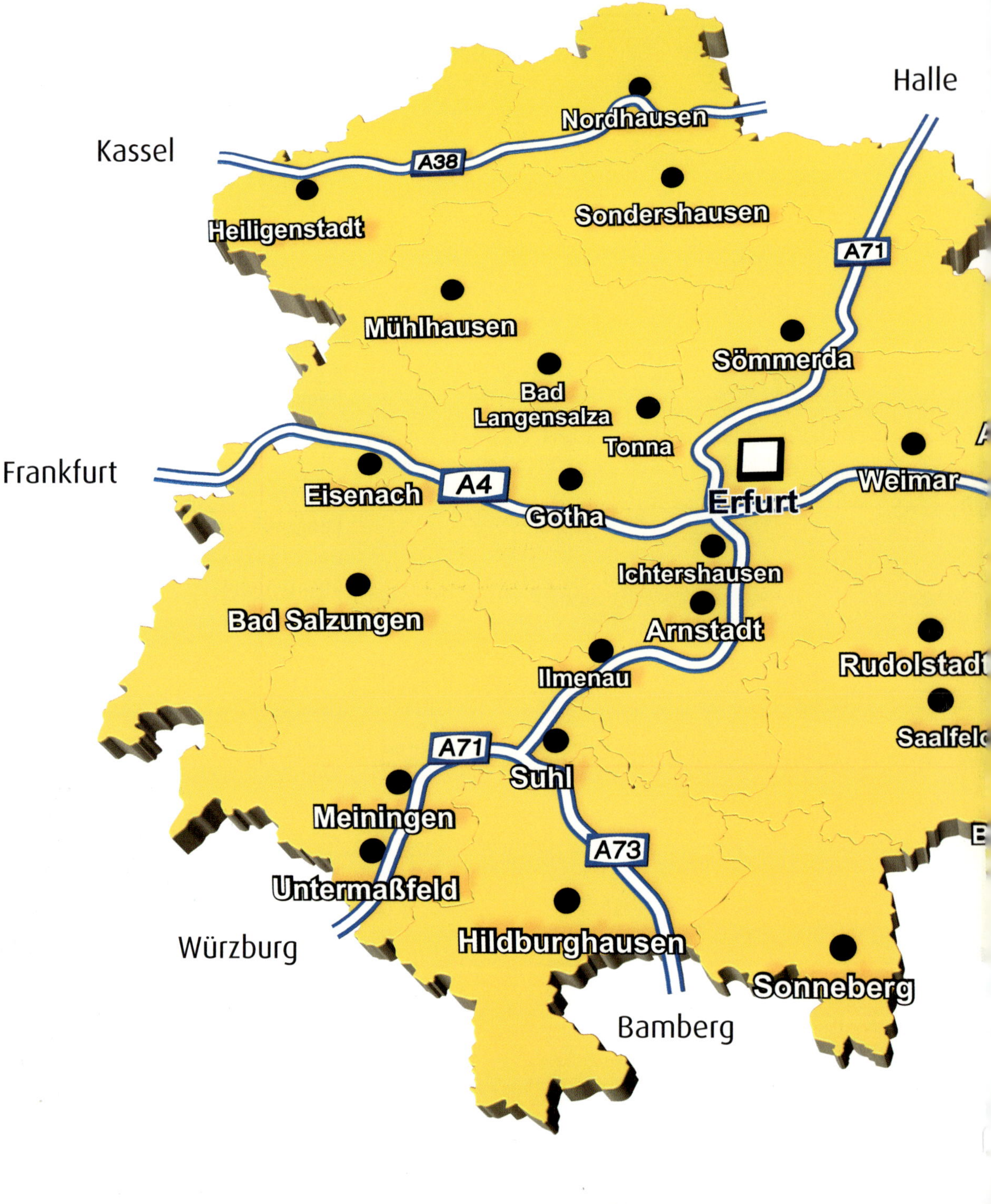

Halle
Kassel
Nordhausen
A38
Sondershausen
Heiligenstadt
A71
Mühlhausen
Sömmerda
Bad
Langensalza
Tonna
Frankfurt
Eisenach
A4
Gotha
Erfurt
Weimar
Ichtershausen
Bad Salzungen
Arnstadt
Ilmenau
A71
Suhl
Meiningen
A73
Untermaßfeld
Würzburg
Hildburghausen
Sonneberg
Bamberg